启航龙图 SAILING EDUCATION GROUP | 时代云图 SHI DAI YUN TU

名师带你学西方经济学（宏观部分）

高鸿业版

主编◎王杰

北京理工大学出版社
BEIJING INSTITUTE OF TECHNOLOGY PRESS

本书使用指南

1. 对于要求掌握的常考内容，本书已采用特殊符号加以标识，提示考生根据分类有侧重地加以复习。这五个方面正是我们学习的主体内容，但不同的章节需要掌握的侧重点有所不同。

㊣表示“基本概念与基本理论”，即“双基”，属于直接或间接考查内容，是必须掌握的理论基础，往往是综合性复杂题目的解题关键。

㊋表示“公式”，数学方法的应用是西方经济学的基本特色，相应的经济学基本概念都有相应的数学表达形式。属于必须掌握的内容，要求会写、能推导、能描述其经济含义。

㊌表示“基本理论的数学推导”，是西方经济理论的数理结构，属于西方经济理论的主体内容，要求掌握数学推导过程，准确掌握每一个数学公式的经济含义。

㊍表示“二维几何图形分析”，是数理化经济理论的简化形式，直观且易于理解。属于必备的基础知识，要求能够自主画出，并描述其经济含义。

㊎表示以文字描述方式掌握，能够以自己习惯的方式用专业术语表述清楚即可。

2. 星号★表示重要程度和要求掌握的程度。

分为三个级别：

★★★　表示必须掌握的重点内容，无论考什么层次的高校都应必须掌握的内容。

★★　表示应该掌握的普通内容。

★　表示应该熟悉了解的内容，一般能以文字形式复述即可。

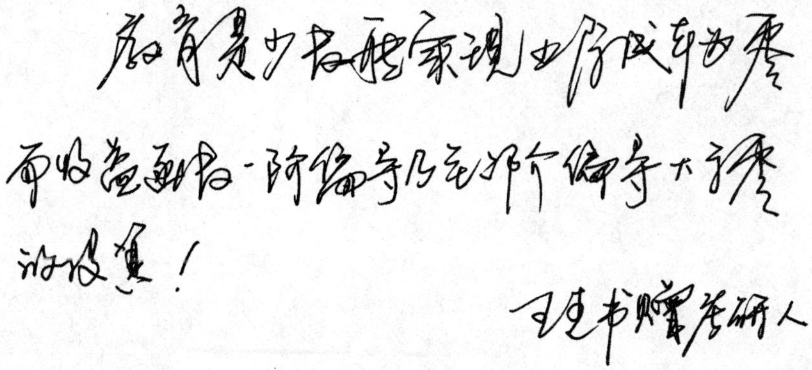

目 录

第五部分　宏观经济学导学

第六部分　短期国民收入决定理论

第七部分　长期经济增长决定理论

第八部分　西方经济学流派简介

第五部分

宏观经济学导学

宏观经济学要解决的问题是一个经济体在长期中如何实现增长的，为此首先要清楚在短期中，比如每一年的新增产出是如何决定的。而每一年的新增价值持续增长，从长期视角看就是经济增长。这实际上就是宏观经济学的两大核心内容：短期国民收入决定理论和长期经济增长决定理论。

第12章 宏观经济的基本指标及其衡量

同步导学

章节	教材内容	掌握形式	重要程度	常见题型
§12.1	宏观经济学的特点	(基)	★	较少直接考查，了解即可
§12.2	国内生产总值及其核算方法	(基)(公)	★★	本身较少直接考查，但三大核算方法体现了后续理论的核心逻辑，相应各种题型会涉及本节的基本概念
§12.3	国民收入的其他衡量指标	(基)	★	基本常识，不会直接考查，在其他章节问题中有时会用到，如 DPI（个人可支配收入）
§12.4	国民收入的基本公式	(基)(公)	★★★	实质是 NI（国民收入）循环流量分析，是经济运行的抽象描述，也是后续力量模型的理论基础，从考试角度而言不会直接考查，从学习宏观经济学角度而言极为重要，是理解宏观理论的基本思路
§12.5	名义 GDP 和实际 GDP	(基)	★	理解即可，货币是宏观经济分析无法回避的因素，但恰恰又有严重分歧，本书后续会涉及，不是独立考点
§12.6	失业和物价水平的衡量	(基)	★	描述宏观现象的基本指标，不会直接考查

框架与归纳

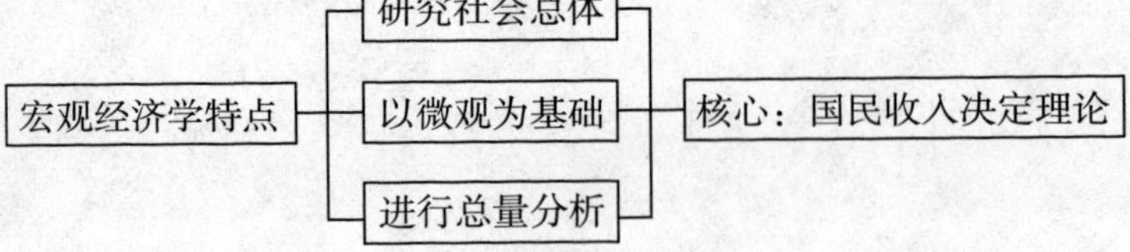

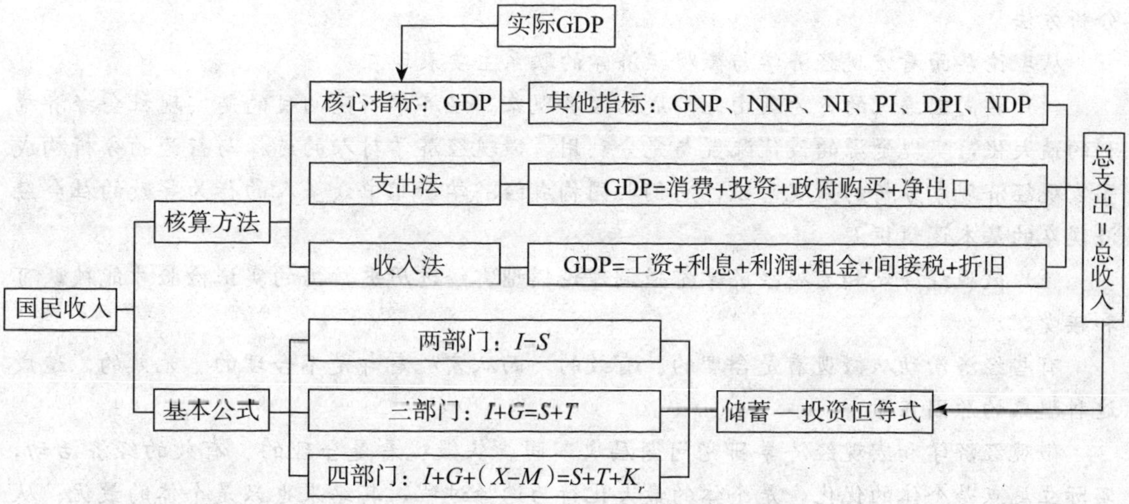

观察距离需要长度单位千米、米、厘米等指标，观察重量需要吨、千克、克等指标。同理，为观察和认识宏观经济现象，也需要设计一些经济指标，作为刻画和衡量宏观经济现象的指标，在此基础上才能进一步思考宏观经济的运行和增长问题。本章主要内容就是介绍这些指标，如GDP、通货膨胀率、失业率等，最核心的内容就是对GDP的定义及其核算方法的理解，以及作为延伸概念的收入概念群。另外一个隐藏在教材深处的内容是有关宏观经济模型的思考方法，比如核算GDP的支出法，实际已经包含凯恩斯主义收入决定模型的最核心逻辑，这贯穿整个宏观经济学。

本章属于准备性章节，重在理解，无需刻意背诵。

课后习题解析

1. 微观经济学和宏观经济学有什么联系和区别？为什么有些经济活动从微观看是合理的、有效的，而从宏观看却是不合理的、无效的？请举例说明。

【思路点拨】任何理论与理论之间的关系，一般都可以从研究对象、研究方法、研究目的、研究的核心概念与基本逻辑框架等方面展开对比。宏观经济学和微观经济学的相互关系也如此。第二问涉及的是合成谬误问题，即微观个体层面的结果并不能简单地套用到宏观层面。

【参考答案】

从理论层面看宏观经济学与微观经济学的区别主要表现在：

(1) 研究对象不同。微观经济学研究的是单个经济主体最优化行为，而宏观经济学研究的是一国整体经济的运行规律和宏观经济政策。

(2) 研究目的不同。微观经济学主要解决资源的优化配置问题，而宏观经济学主要解决短期国民收入决定与长期经济增长决定及其波动问题。

(3) 理论内核与框架不同。微观经济学的核心概念是供给、需求、价格、收入等，围绕价格机制的发挥展开，而宏观经济学的核心概念是国民收入、消费、投资、利率、货币需求、通货膨胀等，围绕国民收入(产出)决定理论和经济增长理论展开。

(4) 研究方法不同。微观经济学采用的是个量分析方法，而宏观经济学采用的是总量分析方法。

从理论层面看宏观经济学与微观经济学的联系主要表现在：

（1）共同刻画人的行为及由此形成的经济现象。经济学研究的目的是实现社会经济福利的最大化，实现资源的最优配置与充分利用。微观经济学对人的选择与行为的分析构成了宏观经济现象分析的微观基础，它们共同构成经济学研究中众多人的行为导致的社会经济现象的基本逻辑框架。

（2）微观经济学和宏观经济学都强调理论模型需经过历史数据的实证检验才能被认可和接受。

有些经济活动从微观看是合理的、有效的，而从宏观看却是不合理的、无效的。造成这种现象的原因在于：

微观经济学和宏观经济学研究问题层次不同。从微观看是合理的、有效的经济活动，实际立足点是个体的优化，是个体的最大化行为选择过程，其结果也只是个体的最优；从宏观看，单个个体的最优，并不能必然导出无数个体相互影响和作用后的结果也是最优的。因为个体实现自身最优的某些行为是相互冲突的，自身最优行为会损害他人的最优。例如，在经济生活中，某个厂商降低工资，从该企业个体层面看，成本低了，市场竞争力强了，是优化行为。但是如果所有厂商都降低工资，则降低工资的那个厂商的竞争力就不会有预期增强效果，而且职工整体工资收入降低以后，整个社会的消费以及有效需求也会降低，最终影响到其盈利。

以储蓄为例，从微观层面看，消费者的储蓄行为是理性的，有助于其在长期中平滑消费，获得更高的效用。但是，从宏观层面看，储蓄却是国民收入循环中的漏出量，不利于维持较高的有效需求，不利于宏观经济稳定发展。

2. 举例说明最终产品和中间产品的区别不是根据产品的物质属性而是根据产品是否进入最终使用者手中。

【思路点拨】关于中间产品和最终产品的区别，关键是看这一产品的用途，是消费还是进入再生产过程。这也是在国民收入核算中易出现重复计算的易混概念。

【参考答案】

在一定时期生产的并由其最后使用者购买的产品和劳务就称为最终产品；用于再出售而供生产别种产品用的产品称为中间产品。从定义可以看出，在国民收入核算中，区分最终产品和中间产品是根据产品是否进入最终使用者手中。例如，不能根据产品的物质属性来判断布料和衬衫究竟是最终产品还是中间产品。根据产品属性，布料看起来一定是中间产品，衬衫是最终产品。其实不然，如果布料被家庭主妇购买，那它就是最终产品，而衬衫被服装店购买就是中间产品。

3. 举例说明经济中流量和存量的联系和区别。财富和收入是流量还是存量?

【思路点拨】流量和存量分析是一个极为重要的问题，在西方经济学理论发展史中曾经有过激励的论战，影响到诸多核心理论模型的有效性，比如利率的决定理论。但是，这些问题更多的是学术前沿问题，在考研层次上，几乎不会涉及，考生只要理解其含义即可。

【参考答案】

流量是一定时期内发生的变化量，存量是一定时点上存在的累积量。流量起源于存量，经过积累又成为存量。在主要的经济指标中，产值类、产量类、收入、需求和供给类指标等一般都是流量，资产负债类指标、保有量、人口数等都是存量。所以财富是存量，收入是流量。

4. 为什么人们从公司债券中得到的利息应计入GDP，而从政府公债中得到的利息不计入GDP?

【思路点拨】同样是利息，但由于来源和用途不同，从而具有了不同的特征。GDP强调的是创造新增财富，因而必须是生产性活动才能产生GDP。

【参考答案】

（1）购买公司债券是把钱借给公司，公司通过债券筹资行为集聚资本用于经营，如购买机器设备从而提供生产性服务，因此是一种创造价值的行为。公司债券的利息也就可看作资本这一要素提供生产性服务的报酬或收入，故要计入GDP。

（2）政府公债的利息是一种转移支付，因为政府借的债可以用作各种用途，大部分并不是生产性活动。同时，政府公债利息通过税收支付，也就是用纳税人缴纳的税来支付，习惯上被看作转移支付，故不计入GDP。

5. 为什么人们购买债券和股票从个人来说是投资，而在经济学上不算是投资?

【思路点拨】本题的关键是理解经济学概念上的投资定义，这是专门术语，涉及资本形成问题，与日常生活中的投资含义不同。日常生活中的投资是指能带来收益的行为，而经济学概念上的投资强调的是资本形成。

【参考答案】

人们购买债券、土地和其他财产，都被说成投资，但是，在经济学概念上却不算是投资，因为这些都是产权的交易转移，没有产生新的产品和劳务。经济学概念上的投资，是指资本的形成，即社会实际资本的增加，包括厂房、设备和存货的增加以及新建住宅等。人们购买债券和股票从个人来说是投资，公司用这些资本去购买厂房、设备等用于生产活动，创造出更多新的产品和劳务，才是经济学概念上的投资。

6. 为什么政府给公务员发工资要计入GDP，而给灾区或困难人群发的救济金不计入GDP?

【思路点拨】与第4题类似，关键是理解GDP核算中的几个注意问题，教材中有明确内容。

【参考答案】

（1）公务员工资计入GDP，原因是公务员为社会提供了服务，相当于政府购买他们的服务，付出工资作为代价，因此属于政府购买。

（2）政府给灾区或困难人群发的救济金，并不是因为灾区或困难人群提供了服务，创造了收入，而是因为他们发生了经济困难，丧失了生活来源才给予其救济的，因此这部分救济金属于政府转移支付。政府转移支付是二次分配，其价值早已经纳入GDP，无须再次计算。所以政府购买和政府转移支付虽都属政府支出，但前者计入GDP而后者不计入GDP。

7. 为什么企业向政府缴纳的间接税(如营业税)也计入GDP?

【参考答案】

间接税是厂商缴纳，是作为产品价格的构成部分加入到产品价格中由消费者承担的。从支出角度看，间接税是政府的收入，是购买商品的家庭或厂商的支出，因此，须把间接税加到收入方面计入 GDP，这样才能保证支出法和收入法核算 GDP 的结果一致。如，某人购买一件商品支出 10 元，这 10 元支出计入 GDP。但是，这件商品价格中含有 0.5 元的营业税和 0.3 元的折旧，则作为要素收入的只有 9.2 元。因此，用收入法计算 GDP 时应把这 0.5 元和 0.3 元一起加到 9.2 元中作为收入计入 GDP。

8. 下列项目是否计入 GDP，为什么？

(1) 政府转移支付；　　　　　　　(2) 购买一辆用过的卡车；

(3) 购买普通股票；　　　　　　　(4) 购买一块地产。

【参考答案】

(1) 政府转移支付不计入 GDP。原因是政府转移支付是通过税收(包括社会保险税)把收入从一个人或一个组织手中转移到另一个人或另一个组织手中，并没有相应的货物或劳务的交换发生，只是收入的二次分配。

(2) 购买一辆用过的卡车不计入 GDP。原因是卡车在生产出来时已经计入 GDP，不再重复计算。但是买卖二手卡车产生的交易手续费计入 GDP。

(3) 购买普通股票不计入 GDP。原因是证券投资只是金融资产所有权的转移，并不涉及实际的投资与生产问题，此处的"投资"与经济学概念上的"投资"不是一回事。当证券发行人将发行证券所筹资本用于实际生产行为时，发行人此时的投资是经济学概念上的投资，要计入 GDP。

(4) 与第(3)问同理，购买一块地产也只是财产权的转移，因而也不计入 GDP。

9. 在统计中，社会保险税增加对 GDP、NDP、NI、PI 和 DPI 这五个总量中哪个总量有影响？为什么？

【思路点拨】这类问题虽然属于常识性问题，但对于理解经济社会有意义，对于理解刻画经济现实运行的经济理论有帮助。建议考生稍加留意即可，作为考研层次的题目，这类题型价值不大，并非考查方向，并不能反映考生对经济理论的掌握和逻辑分析推理能力，也不能反映相应理论分析工具的掌握程度。

【参考答案】

社会保险税是企业和职工为得到社会保障而支付的保险金，一般由政府部门（一般是社会保险局）按一定比率以税收的形式征收。社会保险税要从国民收入中扣除，故社会保险税的增加并不影响 GDP、NDP 和 NI，社会保险税影响 PI 和 DPI。

10. 如果甲、乙两国合并成一个国家，对 GDP 总和会有什么影响？(假定两国产出不变)

【思路点拨】本题考查对 GDP 核算的三种方法的理解，重点是理解核算方法背后的国民收入循环过程。需要说明的是，现在基本不会直接考查这类问题，但这是宏观经济学模型建立的基础。

需要特别注意的是，不能因为事后核算而认为进出口对 GDP 没有影响，因为核算 GDP 与事后还是事前没有必然逻辑关系，更不能以"GDP 度量值与观察者将其视为一个国家的两个地区还是两个国家无关"混淆视听，因为对于一个国家的两个地区，其二者之间的中间品交易，如大量的原材料贸易、半成品贸易等，都不算入 GDP，以避免重复计算。但对于两个国家，只要是进出口，不论是中间产品还是最终产品，都需要计入 GDP，如中国 20 世纪 80、90 年代大量的"三来一补"贸易，更早期的原材料、矿产资源的出口难道都不应该计入 GDP 吗？如果不计入，当年的 GDP 增速能那么高？当然要计入！可能有些教材认为高鸿业老师和尹伯成老师的教材关于本题的答案不正确，但是中国人民大学和复旦大学是国内两大经济学重点院校，高鸿业和尹伯成更是大家的典范，桃李满天下，该教材遍布国内各大高校，其教材也许有尚未发现的瑕疵甚至错误，何况经济学本来就充满“革命”，但绝不是如此明目张胆的错误。

【参考答案】

甲、乙两国独立存在时，双方贸易往来会影响甲国或乙国的 GDP，但对两国 GDP 总和不会有影响。如果两国合并成一个国家，两国贸易就变成一国内部的两个地区间的国内贸易。甲地区出售给乙地区商品，从收入看，甲地区增加一定收入；从支出看，乙地区增加一定支出。由于甲、乙两地属于同一个国家，因此，从收入角度看该国收入增加是二者之和，从支出角度看投资加消费的支出也是二者之和。因此，合并对 GDP 总和有影响。

11. 假定某国某年发生了以下活动：(a)一银矿公司支付 7.5 万美元给矿工开采了 50 千克银卖给一银器制造商，售价 10 万美元；(b)银器制造商支付 5 万美元工资给工人造了一批项链卖给消费者，售价 40 万美元。

（1）用最终产品生产法计算 GDP；

（2）在生产活动中赚得的工资和利润各共为多少？用收入法计算 GDP。

【思路点拨】本题的关键是理解最终产品和中间产品的区别；理解三种核算方法的实质经济含义。

【参考答案】

（1）用最终产品生产法计算 GDP，首先确定最终产品是什么，由题可知，项链是最终产品，它的售价是 40 万美元，所以 GDP＝40(万美元)。

（2）题中属于生产活动中赚得的工资的有：银矿公司支付给矿工的 7.5 万美元、银器制造商支付给工人的 5 万美金，总计为 7.5＋5＝12.5(万美元)。

题中属于生产活动中赚得的利润的有：银矿公司获得的利润为 10－7.5＝2.5(万美元)、银器制造商获得的利润为 40－10－5＝25(万美元)，总计为 2.5＋25＝27.5(万美元)。

收入法计算公式

国民总收入＝工资＋利息＋利润＋租金＋间接税和企业转移支付＋折旧

所以用收入法计得的 GDP 为 12.5＋27.5＝40(万美元)。

12. 一经济社会生产三种产品：书本、面包和菜豆。它们在 1998 年和 1999 年的产量和价格如表 12－1 所示，试求：

表 12－1　某经济社会生产的产品

	1998 年		1999 年	
	数量	价格	数量	价格
书本	100	10 美元	110	10 美元
面包（条）	200	1 美元	200	1.5 美元
菜豆（千克）	500	0.5 美元	450	1 美元

（1）1998 年名义 GDP；

（2）1999 年名义 GDP；

（3）以 1998 年为基期，1998 年和 1999 年的实际 GDP 是多少？这两年实际 GDP 变化多少百分比？

（4）以 1999 年为基期，1998 年和 1999 年的实际 GDP 是多少？这两年实际 GDP 变化多少百分比？

（5）“GDP 的变化取决于我们用哪一年的价格作衡量实际 GDP 的基期的价格。”这句话是否正确？

（6）用 1998 年作为基期，计算 1998 年和 1999 年的 GDP 折算指数。

【思路点拨】在名义 GDP 的变化中，既包含 GDP 本身的变化，也包括物价水平变化。因此，在比较的过程中，一般要转化为不变基期的物价水平。这样，名义 GDP 变化反映的就是实际 GDP 的变化。

【参考答案】

（1）名义 GDP 是用当年产品和劳务的数量乘以当年价格计算出来的全部最终产品的市场价值，所以 1998 年的名义 GDP，即

$$GDP=100\times10+200\times1+500\times0.5=1\ 450(\text{美元})$$

（2）1999 年的名义 GDP 的计算方法同(1)，即

$$GDP=110\times10+200\times1.5+450\times1=1\ 850(\text{美元})$$

（3）实际 GDP 是用从前某一年作为基期价格计算出来的全部最终产品的市场价值。以 1998 年为基期，则

$$1998\text{年的实际}GDP=100\times10+200\times1+500\times0.5=1\ 450(\text{美元})$$

$$1999\text{年的实际}GDP=110\times10+200\times1+450\times0.5=1\ 525(\text{美元})$$

实际 GDP 的变化为

$$\frac{1\ 525-1\ 450}{1\ 450}\times100\%\approx5.17\%$$

（4）以 1999 年为基期，则

$$1998\text{年的实际}GDP=100\times10+200\times1.5+500\times1=1\ 800(\text{美元})$$

$$1999\text{年的实际}GDP=1\ 850(\text{美元})$$

实际 GDP 的变化为

$$\frac{1\ 850-1\ 800}{1\ 800}\times100\%\approx2.78\%$$

（5）不正确。GDP 是某年内市场上全部最终产品的数量乘以价格之和，所以说 GDP 的变动取决于产品数量和价格的变动这两个因素，题中说“GDP 的变化取决于我们用哪一年的价格作为衡量实际 GDP 的基期价格”。这里只考虑到了一个因素，所以是错的。

（6）根据公式 GDP 折算指数$=\frac{\text{名义}GDP}{\text{实际}GDP}$，用 1998 年作为基期，1998 年的名义 GDP 与实际 GDP 相同，为 1 450 美元，所以 1998 年 GDP 折算指数$=\frac{1\ 450}{1\ 450}=100\%$；

1999 年的名义 GDP 与实际 GDP 分别为 1 850 美元、1 525 美元，所以 1999 年 GDP 折算指数$=\frac{1\ 850}{1\ 525}\approx121.3\%$。

13. 假定一国的国民收入统计资料如表 12-2 所示。

表 12-2 某国的国民收入统计资料 单位：亿美元

国内生产总值	4 800
总投资	800
净投资	300
消费	3 000
政府购买	960
政府预算盈余	30

试计算：(1)国内生产净值；(2)净出口；(3)政府税收减去转移支付后的收入；(4)个人可支配收入；(5)个人储蓄。

【思路点拨】本题用一个实例来说明如何运用支出法核算 GDP。关键在于 $GDP=C+I+G+NX$ 的应用。同时，这也是后续短期国民收入决定模型的基础，需要理解并掌握。

【参考答案】

(1) 从 GDP 中扣除资本折旧，就得到国内生产净值 NDP，其中资本折旧是总投资减去净投资的数值，所以 NDP=4 800－(800－300)=4 300(亿美元)。

(2) 用支出法核算 GDP 的公式为

$$GDP=C+I+G+NX$$

所以净出口

$$NX=GDP-C-I-G$$

即 $NX=4\ 800-3\ 000-800-960=40$(亿美元)。

(3) 政府预算盈余是政府税收扣除政府转移支付和政府购买之后的数值。题中求政府税收减去政府转移支付后的收入，就可以用政府预算盈余和政府购买来求。政府税收减去政府转移支付后的收入就等于政府预算盈余与政府购买之和，即 30＋960＝990(亿美元)。

(4) 个人可支配收入 DPI 是个人收入减去个人所得税后的余额。本题没有说明间接税、公司利润、社会保险税等因素。因此，可从国民生产净值中直接得到个人可支配收入，即个人可支配收入 $DPI=NDP-T=4\ 300-990=3\ 310$(亿美元)。

(5) 个人储蓄 $S=DPI-C=3\ 310-3\ 000=310$(亿美元)。

14. 假设国内生产总值是 5 000，个人可支配收入是 4 100，政府预算赤字是 200，消费是 3 800，贸易赤字是 100(单位都是亿元)，试计算：(1)储蓄；(2)投资；(3)政府支出。

【思路点拨】本题虽是计算形式，但关键是对各个概念定义的准确掌握。这也是考研常见情况，即解题的题眼往往藏在某些基本概念和基本理论的准确掌握上。

【参考答案】

(1) S 代表储蓄，DPI 代表个人可支配收入，i 代表投资，t 代表政府税收收入，c 代表消费。因此储蓄为

$$S=DPI-c=4\ 100-3\ 800=300(亿元)$$

(2) $S_g=t-g=BS$，在这里，t 代表政府税收收入，g 代表政府支出，BS 代表预算盈余，所以，$S_g=BS=-200$(亿元)。

S_r 表示外国部门的储蓄，即外国的出口减进口，对本国来说，则是进口减出口，在本题中为 100，因此投资为

$$i=S_p+S_g+S_r=300+(-200)+100=200(\text{亿元})$$

(3) 由 $GDP=c+i+g+(x-m)$，因此政府支出为

$$g=5\,000-3\,800-200-(-100)=1\,100(\text{亿元})$$

15. 储蓄—投资恒等式为什么不意味着计划的储蓄恒等于计划的投资？

【思路点拨】 本题涉及对于投资和储蓄这两个基本概念的理解，是个重要问题。储蓄—投资恒等式表示事后的储蓄永远等于事后的投资，这只具有事后核算时的意义，因为投资必然来自储蓄，从事后看一定相等。但是，从事前看，事前储蓄和事前投资往往是不等的，这是凯恩斯主义理论得出失业是常态(而非古典理论认为的那样永远市场出清)的关键，由此才能进一步得出政府干预的必要性。也就是(如三部门经济模型)$Y=AE=C+I+G$，也就是 $C+S_{事后}=C+I_{事后}+G$，其中，$S_{事后}$ 和 $I_{事后}$ 不等，往往是 $S_{事后}$ 大于 $I_{事后}$，其原因与三大心理假定有关。所以，G 具有重大意义，可以促使市场出清，从而消除失业。

【参考答案】

储蓄—投资恒等式是国民收入的基本公式，它是根据储蓄和投资的定义得出的，不论 Y 代表哪一种国民收入，只要其他变量的意义能和 Y 的概念相一致，储蓄—投资恒等式总成立。这里的投资、储蓄是实际发生的，而不管经济是否达到充分就业，是否存在通货膨胀，不涉及宏观经济是否均衡。而计划的储蓄恒等于计划的投资是均衡的条件，即计划储蓄不一定等于计划投资，这是因为在现实的经济运行中，投资、储蓄的经济主体及动机都不相同，就可能导致计划投资和计划储蓄不一致，形成总需求和总供给不平衡，引起经济扩张和收缩。只有两者相等，收入才处于均衡状态。所以说，储蓄—投资恒等式不意味着计划的储蓄恒等于计划的投资。

能力提升

1. 用 GDP 衡量国民经济活动存在哪些不足？

【参考答案】

(1) GDP 不能完全反映一个国家的真实生活水平。GDP 只计算了那些在市场中存在并能够获得的产品和服务的价值，但是却无法反映非市场活动及地下经济创造的价值，家务劳动、自给自足生产等非市场活动不计入 GDP 中。例如，在自给自足程度较高的经济社会，GDP 就低估了人们的实际生活水平。

(2) GDP 不能反映居民的福利水平。社会保障服务、基础公共设施建设等都会影响居民的生活质量，因其不计入 GDP，所以 GDP 水平高并不意味着居民生活质量高，反之亦然。

(3) GDP 无法反映收入分配结构。贫富差距与收入分配的不公平无法通过 GDP 来衡量。

(4) GDP 没有考虑对环境的污染和破坏所带来的成本，无法反映经济增长的质量与可持续性。

(5) GDP 不能反映产品和服务的进步以及二者的结构。在二者进步方面，现在生产出来的汽车要比几十年前生产的汽车质量、性能好得多，且生产成本低得多，却无法通过

GDP反映出来；在二者的结构方面，因为不同国家的重点发展对象不同，比如有的国家重视军用物资的生产，有的国家重视教育设施的建设。

2. 试论述名义GDP、实际GDP与潜在GDP这三个概念之间的区别。

【参考答案】

（1）名义GDP是用生产物品和劳务的当年的市场价格计算出来的全部最终产品的市场价值。

（2）实际GDP是用从前某一年的价格作为基期价格计算出来的全部最终产品的市场价值，其剔除了各年价格水平的变动。

（3）潜在GDP是一国在一定时期内可供利用的经济资源在充分利用的条件下，所能生产的最大产量，即充分就业下的产出水平。

3. 试简述GDP折算指数。

【参考答案】

（1）GDP折算指数是指按当年价格计算的国内生产总值（名义GDP）和按基期价格计算的国内生产总值（实际GDP）的比率。用公式表示为：

$$\text{GDP折算指数}=\frac{\text{名义 GDP}}{\text{实际 GDP}}$$

（2）GDP折算指数的优点是能够相对准确地反映一般物价水平的变动趋向。缺点是资料较难搜集，需要对未在市场上发生交易的商品和劳务进行换算，因此可能受到价格结构因素的影响。

4. 试简述GDP的核算方法。

【参考答案】

对GDP的核算包括生产法、支出法和收入法，后两者较为常用。其核算的原理是总产出等于总收入，总产出等于总支出。

（1）生产法是指国内生产总值（GDP）为一国或地区内所拥有的生产要素在一定时期内（通常为一年）生产的全部最终产品（物品和劳务）的市场价值。

（2）支出法是指经济社会（一个国家或一个地区）在一定时期内消费、投资、政府购买以及净出口等几方面支出的总和，通过核算在一定时期内整个社会购买最终产品的总支出即最终产品的总卖价来计算GDP。公式如下：

$$\text{GDP}=C+I+G+(X-M)$$

第一，C表示消费，消费品包括耐用消费品（如家电、家具等）、非耐用消费品（如食物、衣服等）和劳务（如理发、旅游等），但不包括个人建筑住宅的支付。

第二，I表示总投资，是指增加或更换资本资产（厂房、设备、住宅和存货）的支出。

第三，G表示政府购买物品和劳务的支出，但是政府转移支付（如救济金等）不计入。

第四，$(X-M)$表示净出口，可正可负。

（3）收入法是指用要素收入即企业生产成本核算国内生产总价值。严格说来，最终产品市场价值除了生产要素收入构成的成本之外，还有间接税、折旧、公司未分配利润等内容。公式如下：

$$\text{GDP}=\text{工资}+\text{利息}+\text{租金}+\text{利润}+\text{间接税和企业转移支付}+\text{折旧}$$

第一，工资、利息、租金是最典型的要素收入，并且工资中还需要包括所得税、社会保险税。

第二，利息是指提供资金给企业使用而产生的利息，所以需要剔除政府公债利息和消费信贷利息。

第三，租金包括租赁收入、专利和版权收入等。

第四，利润是指税前利润，包括公司所得税、红利和未分配利润等。

第五，企业转移支付包括对非营利组织的慈善捐款和消费者呆账；间接税包括货物税、销售税、周转税等。

第六，资本折旧虽不是要素收入，但包括在应回收的投资成本中，故也应计入 GDP。

以上主要说明用支出法和收入法对 GDP 的核算，同样适用于 GNP。

5. 给定某国某一年的部分数据如表 12－3 所示：

表 12－3　　　　单位：万美元

事项	金额
向劳动支付的工资	160
消费支出	120
税收	50
转移支付	10
利润	40
投资	50
政府购买支出	40
出口	50
储蓄	50
进口	50

（1）用支出法和收入法分别计算该国的 GDP；

（2）计算国民储蓄；

（3）如何为投资筹资？

【参考答案】

（1）支出法

$$GDP = C + I + G + (X - M) = 120 + 50 + 40 + (50 - 50) = 210(\text{万美元})$$

收入法

$$GDP = \text{工资} + \text{利润} + \text{转移支付} = 160 + 40 + 10 = 210(\text{万美元})$$

（2）国民储蓄$=GDP-C-G=210-120-40=50$(万美元)。

（3）可以通过两种方法为投资筹资：

第一，储蓄的税收激励。储蓄的税收激励增加了可贷资金的供给，导致均衡利率下降，并增加可贷资金的均衡数量。

第二，政府预算盈余。国民储蓄等于私人储蓄加上公共储蓄。政府预算盈余表明公共储蓄大于 0，即增加了国民储蓄和可用于为投资筹资的可贷资金供给。

第六部分

短期国民收入决定理论

短期国民收入决定理论是初、中级宏观经济学最重要、最关键的必考内容，考研层次涉及收入—支出模型（第13章）、*IS–LM*模型（第14章）和*AD–AS*模型（第15章）以及蒙代尔—弗莱明模型（第18章）四大理论模型。其中，居于核心的是*IS–LM*模型，与其他三个模型存在直接联系，是“标准的分析工具”，收入—支出模型则是建立后续三大模型的基础，可以从最简单形式理解凯恩斯主义的思想精髓，*AD–AS*模型则是包含价格因素的最常用分析框架，蒙代尔—弗莱明模型是开放条件的“工作母机”。可以说，这四大模型历年常考不衰并将继续是必考考点，并且考查形式转向以计算题形式为主，即使是论述题形式也逐渐转向现象解释型和问题解决型，即要求掌握的精准度和深度在持续加强。

在理解上述理论时，需从方法上掌握，要特别注意此处每一个模型的主要内容，包括每条曲线各自的推导、斜率和截距，曲线结合在一起的均衡分析。具体分析与归纳将在各自章节展开。

第13章

国民收入的决定：收入—支出模型

同步导学

章节	教材内容	掌握形式	重要程度	常见题型
§13.1	均衡产出	(基)(图)	★★	较少直接考查，但作为基础模型，绝大部分计算题都会考到
§13.2	凯恩斯的消费理论	(基)(公)(图)	★★	有时直接考查，但更多情况是作为模型的行为方程而存在，计算题居多，必考
§13.3	两部门经济中国民收入的决定及变动	(基)(公)(数)	★★★	必考基础模型，以嵌入综合性计算题居多，基本思想和图形分析常见于论述题
§13.4	乘数论	(基)(图)(公)	★★★	核心分析工具之一，必考，几乎都是计算题，但也要掌握其效应机制的图形解释和影响因素的文字描述
§13.5	三部门经济的收入决定	(公)(数)(图)	★★★	必考基础模型，综合性计算题形式，常常与政策分析结合。基本思想和图形分析常见于论述题
§13.6	三部门经济中各种乘数	(基)(数)	★★★	计算题为主，少量论述题必考，往往嵌于综合性计算题并作为其中一问，偶尔出现在涉及政府行为的现象解释型分析论述题中
§13.7	四部门经济中国民收入的决定	(基)(公)	★	理解，真正的四部门经济分析在第18章，是其基础，本节的四部门经济分析太过简略，几乎不考

框架与归纳

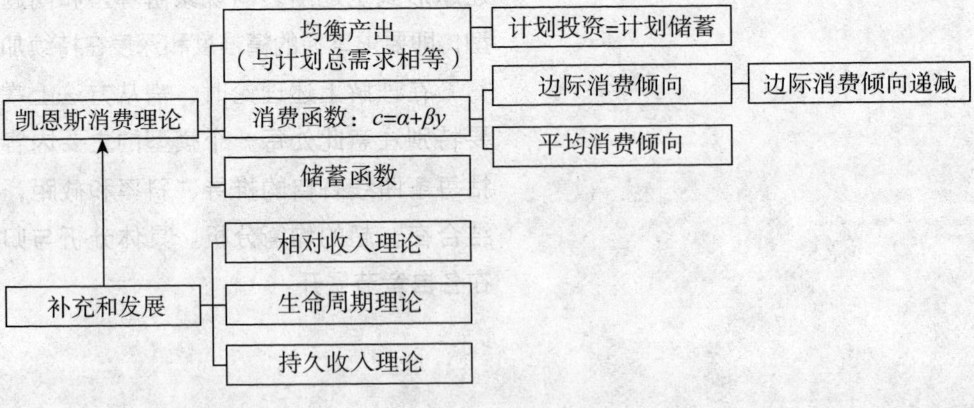

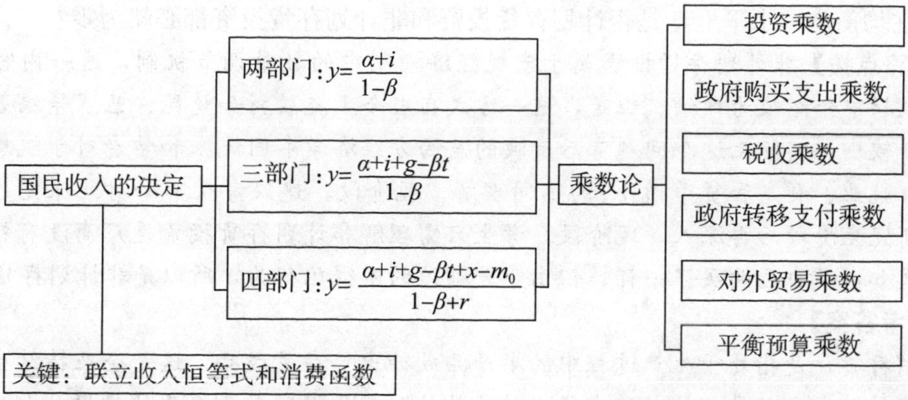

本章是NI决定理论的第一个模型，主要讨论单一产品市场均衡问题，是理解凯恩斯主义基本思想的基础性内容。收入—支出模型通过产品市场的单重均衡阐述了总支出（需求）决定产出的逻辑，即需求决定供给。投资的决定与利率有关，这涉及货币市场，将在下一章的模型中详细分析。

鉴于消费在总支出中占有最大比例，本章第一个重点内容是消费理论，以凯恩斯主义经典的绝对收入理论为主要形式，涉及边际消费倾向和平均消费倾向等核心概念；以解释消费函数之谜而发展的相对收入理论、生命周期理论和持久收入理论等，共同构成了消费理论的延伸内容。凯恩斯主义消费函数必须掌握定义公式及其经济含义，并熟悉相应计算；延伸内容主要以文字形式掌握，辅助以基本定义公式。

第二个重点内容是收入—支出模型，代数推导是后续模型的基础，同时也是相应计算题的必备步骤，因而成为必须掌握的内容。图形分析是理解模型的有利辅助工具。

第三个重点内容是乘数理论，这一部分的关键是各种乘数的定义公式及其在三部门收入—支出模型中的具体应用。这一部分常常以计算的形式出现。

课后习题解析

1. 在两部门经济中，均衡发生于（　）之时。

A. 实际储蓄等于实际投资　　B. 实际消费加实际投资等于产出值

C. 计划储蓄等于计划投资　　D. 总投资等于企业部门的收入

【参考答案】 C

2. 当消费函数为 $c=\alpha+\beta y$（$\alpha>0$，$0<\beta<1$）时，这表明，平均消费倾向（　）。

A. 大于边际消费倾向　　B. 小于边际消费倾向

C. 等于边际消费倾向　　D. 以上三种情况都可能

【参考答案】 A

3. 如果边际储蓄倾向为0.3，投资支出增加60亿元，这将导致均衡收入GDP增加（　）。

A. 20亿元　　B. 60亿元

C. 180亿元　　D. 200亿元

【参考答案】 D

4. 在均衡产出水平上，是否计划存货投资和非计划存货投资都必然为零？

【思路点拨】 非计划存货投资属于宏观经济模型中的数量调节机制，这一内容在多恩布什的教材中介绍较为详细。但是，这一方式在当今主流教材如曼昆、巴罗等编著的教材中的解释较少。实际上这个问题背后反映的是西方经济学不同流派和学者对于凯恩斯主义甚至是《就业、利息和货币通论》的不同理解。现阶段，建议考生不必对此深究，可以留待进入研究生阶段后再深入。现阶段，考生只需理解非计划存货投资是厂商没有销售的存货，形式如同是自己购买了一样，但由于是被迫的不得已行为，所以是非计划存货。

【参考答案】

所谓存货，是指处于生产过程中的半产品或待出售存量成品。这是企业持续生产经营所必须保持的一定数量，此时的存货变动就是计划存货投资或意愿存货投资。一旦由于未能及时销售出去而出现超过生产经营需要的存货变动，那就是非计划或非意愿存货投资。这一非计划存货投资不是计划投资的一部分，但却是实际投资中的一部分。所以，在国民收入核算中，实际产出就等于计划支出加上非计划存货投资，但是在国民收入决定理论中，如果存在非计划存货投资，那么产出就大于计划需求，就不均衡了，均衡产出是与计划需求相一致的产出，所以在均衡产出水平上，非计划存货投资等于零，而计划存货投资不为零。

5. 能否说边际消费倾向和平均消费倾向都总是大于0而小于1？

【思路点拨】 诸如本题，考查基本概念，在答题时需要牢记，一定要从相关定义出发，尤其是定义公式，这是答题的依据。

【参考答案】

消费倾向是关于收入和消费的关系，分为边际消费倾向和平均消费倾向。边际消费倾向是增加的消费与增加的收入之比，用公式表示：$MPC=\frac{\Delta c}{\Delta y}$，凯恩斯认为存在着一条基本的心理规律：随着收入的增加，消费也会增加，但是消费的增加不及收入增加的多。基于这一心理规律可知，边际消费倾向总是大于0而小于1。平均消费倾向是消费与收入的比率，用公式表示：$APC=\frac{c}{y}$，因为消费可以大于、等于或小于收入，所以平均消费倾向可以大于、等于或小于1。因此，不能说边际消费倾向和平均消费倾向都总是大于0而小于1。

6.（1）什么是凯恩斯定律？

（2）凯恩斯定律提出的社会经济背景是什么？

（3）为什么说凯恩斯理论是萧条经济学？

【思路点拨】 了解凯恩斯主义理论提出的社会经济背景，有利于理解凯恩斯主义理论特征。一定要了解凯恩斯主义经济学被称为“萧条经济学”“有效需求决定论”等背后的原因。

【参考答案】

（1）凯恩斯定律是指不论需求量为多少，经济系统都能以不变的价格提供相应的供给量，就是说社会总需求变动时，只会引起产量和收入的变动，直到供求相等，而不会引起价格变动。

(2) 这条定律提出的背景是 1929—1933 年西方世界的经济大萧条，工人大批失业，资源大量闲置。在这种情况下，社会总需求增加时，只会使闲置的资源得到利用从而使生产增加，而不会使资源价格上升，从而产品成本和价格大体上能保持不变。这条凯恩斯定律被认为适用于短期分析。在短期中，价格不易变动，社会需求变动时，企业首先是考虑调整产量而不是变动价格。

(3) 根据上述回答，可知凯恩斯理论提出的背景决定了其主要目的是寻找走出萧条的政策手段，而达到此目的的前提是要从理论上解释萧条的原因。因此，凯恩斯理论的首要问题是解释大萧条出现的原因，然后据此提出政策建议。所以凯恩斯理论是萧条经济学。

7. 政府购买和政府转移支付都属于政府支出，为什么计算构成国民收入的总需求时只计进政府购买而不包括政府转移支付，即为什么 $y=c+i+g+(x-m)$，而不是 $y=c+i+g+t_r+(x-m)$？

【参考答案】

政府转移支付是指政府的一种不是为购买本年的商品和劳务而作的支付，即政府无偿地支付给个人或下级政府，以增加其收入和购买力的费用。也就是说政府转移支付不直接影响总需求，它对总需求的影响是通过个人可支配收入的增加或者下级政府购买增加来实现的，如果将其计入国民总需求中，属于重复计算。所以是 $y=c+i+g+(x-m)$，而不是 $y=c+i+g+t_r+(x-m)$。

8. 为什么一些西方经济学家认为，将一部分国民收入从富者转给贫者将提高总收入水平？

【思路点拨】本题关注的是不同人群的边际消费倾向问题，一般认为边际消费倾向随收入上升而下降，因此，消除贫困、缓解收入分配不公等社会经济问题，具有促进经济增长的意义，而非仅仅是民生问题。当然，两者都重要。

【参考答案】

一些西方经济学家得出这个结论是基于人越是富有，越有储蓄能力这一常识。而富者边际消费倾向较低，贫者边际消费倾向较高。所以将一部分国民收入从富者转给贫者，可提高整个社会的消费倾向，增加社会总消费支出，随之提高总收入水平。

9. 为什么政府(购买)支出乘数的绝对值大于政府税收乘数和政府转移支付乘数的绝对值？

【思路点拨】本题需要真正掌握，涉及对乘数概念的理解，关键在于理解乘数效应分为初始效应和诱发效应，政府(购买)支出乘数包含两种效应，而政府税收乘数和政府转移支付乘数都是直接改变可支配收入，相对来说，只有诱发效应而没有初始效应。因此，出现如题结论。

【参考答案】

从理论上来解释，政府(购买)支出乘数是指总支出的变化量数倍于政府(购买)支出的变化量。政府(购买)支出是直接影响总支出(即总需求)的，两者是同方向变化的。政府税收乘数是总支出的变化量数倍于政府税收的变化量，政府转移支付乘数是总支出的变化量数倍于政府转移支付的变化量。而政府税收和政府转移支付是间接影响总需求的。政府税收和政府转移支付，是先影响个人可支配收入，通过个人可支配收入再来间接影响总需求的。税收与总需求成反方向变化，政府转移支付与总需求成同方向变化。所以，政府（购买）支出乘数的绝对值大于政府税收乘数和政府转移支付乘数的绝对值。

从数量表达式来看，也可以得出相同结论。在三部门经济中，政府（购买）支出乘数的表达式：$k_g=\frac{1}{1-\beta}$，政府税收乘数的表达式：$k_t=\frac{-\beta}{1-\beta}$，政府转移支付乘数的表达式：$k_{t_r}=\frac{\beta}{1-\beta}$。因为边际消费倾向$\beta$总是大于0而小于1，所以$|k_g|>|k_t|=|k_{t_r}|$，即政府（购买）支出乘数的绝对值大于政府税收乘数和政府转移支付乘数的绝对值。

10. 平衡预算乘数作用的机理是什么？

【参考答案】

平衡预算乘数，是指政府收入和支出同时以相同数量增加或减少时，国民收入变动与政府收支变动的比率。在理论上平衡预算乘数等于1，即政府增加一元钱开支同时增加一元钱税收，会使国民收入增加一元钱，其原因在于，当$\Delta t=\Delta g$（假定政府转移支付t_r不变），而收入的变化是由总支出变化决定的，即$\Delta y=\Delta c+\Delta i+\Delta g$，假定投资不变，即$\Delta i=0$，则$\Delta y=\Delta c+\Delta g$，而$\Delta c=\beta\Delta y_d=\beta(\Delta y-\Delta t)$，因此，有$\Delta y=\beta(\Delta y-\Delta t)+\Delta g=\beta(\Delta y-\Delta g)+\Delta g$（因为$\Delta t=\Delta g$），移项得到$\Delta y(1-\beta)=\Delta g(1-\beta)$，可见，$\frac{\Delta y}{\Delta g}=\frac{1-\beta}{1-\beta}=1$，即平衡预算乘数（用$k_b$表示）$=1$。也可以理解为是税收乘数和政府支出乘数两者的效用之和，因为二者对收入影响方向相反，抵消后只剩一个初始效应，即初始的支出对收入的影响。

11. 为什么有了对外贸易之后，封闭经济中的一些乘数会变小？

【思路点拨】二、三、四部门经济中，乘数效应会递减的原因在于单重、双重和三重均衡不断引入新市场——货币市场和劳动市场，新加入市场与原有市场之间的互动影响会抵消部分乘数效应。

【参考答案】

在四部门经济中，因为多了对外贸易，不仅进出口的变动（净出口），而且投资、政府支出、税收的变动对国民收入变动的影响都发生了变化，四部门经济中的乘数表达式变为$\frac{1}{1-\beta+\gamma}$；而在封闭经济中的乘数的表达式为$\frac{1}{1-\beta}$，边际进口倾向γ，使得分母变大，所以乘数会变小。这主要是由于增加的收入的一部分现在要用到购买进口商品上去了。

12. 税收、政府购买和转移支付这三者对总需求的影响有何区别？

【思路点拨】结合相应乘数掌握，理解三者如何对总需求产生影响的内在机制。

【参考答案】

政府（购买）支出是直接影响总支出的，两者是成同方向变化的。而政府税收和政府转移支付是间接影响总需求的。政府税收和政府转移支付，是先影响个人可支配收入，通过个人可支配收入再来间接影响总需求的。税收是与总需求成反方向变化的，政府转移支付是与总需求成同方向变化的。

13. 假设某经济的消费函数$c=100+0.8y_d$，投资$i=50$，政府购买性支出$g=200$，政府转移支付$t_r=62.5$，税收$t=250$（单位均为10亿美元）。

(1) 求均衡收入；

(2) 试求投资乘数、政府支出乘数、税收乘数、转移支付乘数、平衡预算乘数。

【思路点拨】本题较为简单，但却是后续复杂模型的基础，因为任何收入决定模型都不能离开对产品市场均衡的刻画。收入—支出模型就是产品市场均衡的代数形式，因而是 *IS* 曲线乃至 *AD* 曲线的基础。通过收入—支出框架分析各种乘数是本模型常考方式，解题的关键是掌握各种乘数的定义公式以及相互之间的经济关系。

【参考答案】

(1) 由方程组

$$\begin{cases} y=c+i+g \\ c-100+0.8y_d \\ y_d=y-t+t_r \\ i=50 \\ g=200 \\ t_r=62.5 \\ t=250 \end{cases}$$

解得 $y=1\,000$(10 亿美元)，即均衡收入为 1 000(10 亿美元)。

(2) 由投资乘数公式 $k_i=\dfrac{1}{1-\beta}$，以及题意可知 $\beta=0.8$。

即投资乘数：
$$k_i=\frac{1}{1-0.8}=5$$

政府支出乘数：
$$k_g=\frac{\Delta y}{\Delta g}=\frac{1}{1-\beta},\ \beta=0.8$$
$$k_g=\frac{1}{1-0.8}=5$$

税收乘数：
$$k_t=\frac{\Delta y}{\Delta t}=-\frac{\beta}{1-\beta},\ \beta=0.8$$
$$k_t=-\frac{0.8}{1-0.8}=-4$$

政府转移支付乘数：
$$k_{t_r}=\frac{\Delta y}{\Delta t_r}=\frac{\beta}{1-\beta},\ \beta=0.8$$
$$k_{t_r}=\frac{0.8}{1-0.8}=4$$

平衡预算乘数：
$$k_b=\frac{\Delta y}{\Delta g}=\frac{\Delta y}{\Delta t}=\frac{1-\beta}{1-\beta}=1$$

14. 在上题中，假定该社会达到充分就业所需要的国民收入为 1 200(10 亿美元)，试问：(1)增加政府购买，或(2)减少税收，或(3)以同一数额增加政府购买和税收(以便预算平衡)实现充分就业，各需多少数额？

【思路点拨】本题是利用收入—支出模型分析财政政策的典型题型，也是基础性计算题代表性题型之一。但是，近年来此类题型难度相对较低，已经较少直接考查，而是将其与后续其他模型相结合来设置考题。

【参考答案】

(1) 要使该社会达到充分就业所需要的国民收入为 1 200(10 亿美元)，则国民收入增量为

$$\Delta y=1\ 200-1\ 000=200(10\text{ 亿美元})$$

根据政府支出乘数

$$k_g=\frac{\Delta y}{\Delta g}=\frac{1}{1-\beta}$$

即有

$$\Delta g=\frac{\Delta y}{k_g}=\frac{200}{5}=40$$

即增加 40(10 亿美元)的政府购买。

(2) 同理，根据税收乘数 $k_t=\frac{\Delta y}{\Delta t}=-\frac{\beta}{1-\beta}$，即

$$\Delta t=\frac{\Delta y}{k_t}=\frac{200}{-4}=-50$$

即政府减少税收 50(10 亿美元)。

(3) 因为平衡预算乘数为 1，所以要增加政府购买和税收（以便预算平衡）实现充分就业，需要增加 200(10 亿美元)。

15. 假定某经济社会的消费函数 $c=30+0.8y_d$，净税收即总税收减去转移支付后的金额 $t_n=50$，投资 $i=60$，政府购买性支出 $g=50$，净出口即出口减进口以后的余额为 $nx=50-0.05y$，试求：(1)均衡收入；(2)在均衡收入水平上的净出口余额；(3)投资乘数；(4)投资从 60 增至 70 时的均衡收入和净出口余额；(5)当净出口从 $nx=50-0.05y$ 变为 $nx=40-0.05y$ 时的均衡收入和净出口余额。

【思路点拨】这是考查收入一支出模型中最基本的题型，即模型的简单再现。本质上就是分别用一个行为方程描述经济主体的行为，如消费行为、投资行为、政府行为和对外部门行为，然后基于一定的经济理论或逻辑将其联系起来，以此刻画经济主体相互之间的经济联系对 y 的影响。需要强调的是，本模型也是 $IS-LM$ 模型和 $AD-AS$ 模型以及 $IS-LM-BP$ 模型的理论基础，在考查后续三个模型的题目中会用到本模型。

【参考答案】

(1) 由方程组

$$\begin{cases} y_d=y-t_n \\ c=30+0.8y_d \\ y=c+i+g+nx \\ t_n=50 \\ i=60 \\ g=50 \\ nx=50-0.05y \end{cases}$$

可得 $y=600$，即均衡收入为 600。

(2) 净出口余额

$$nx=50-0.05y=50-0.05\times600=20$$

(3) 四部门经济中的投资乘数公式：$k=\dfrac{1}{1-\beta+\gamma}$，即

$$k=\frac{1}{1-0.8+0.05}=4$$

所以投资乘数 $k=4$。

(4) 投资从 60 增加到 70 时，有

$$y=c+i+g+nx=0.8y-10+70+50+50-0.05y=0.75y+160$$

解得 $y=640$，即均衡收入为 640。

净出口余额

$$nx=50-0.05y=50-0.05\times640=18$$

(5) 净出口函数从 $nx=50-0.05y$ 变为 $nx=40-0.05y$ 时的均衡收入

$$y=c+i+g+nx=0.8y-10+60+50+40-0.05y$$

解得 $y=560$，即均衡收入为 560。

净出口余额

$$nx=40-0.05y=40-0.05\times560=12$$

能力提升

1. 说明消费倾向与储蓄倾向之间的关系。

【参考答案】

(1) 消费倾向与储蓄倾向分别说明消费与收入和储蓄与收入之间的关系。消费倾向包含平均消费倾向与边际消费倾向；储蓄倾向包含平均储蓄倾向与边际储蓄倾向。

(2) 平均消费倾向是指任一收入水平上消费支出在可支配收入中所占的比例，用 APC 表示，即 $APC=\dfrac{C}{Y}$，C 表示消费，Y 表示收入；边际消费倾向是指增加的消费在增加的收入中所占的比例，用 MPC 表示，即 $MPC=\dfrac{\Delta C}{\Delta Y}$，$\Delta C$ 表示消费的增量，ΔY 表示收入的增量。

(3) 平均储蓄倾向是指任一收入水平上储蓄在收入中所占的比例，用 APS 表示，即 $APS=\dfrac{S}{Y}$，S 表示储蓄，Y 表示收入；边际储蓄倾向是指增加的储蓄在增加的收入中所占的比例，用 MPS 表示，即 $MPS=\dfrac{\Delta S}{\Delta Y}$，$\Delta S$ 表示储蓄的增量，ΔY 表示收入的增量。

(4) 全部的收入可以分为消费与储蓄，所以可推出：$APC+APS=1$，同理，全部收入的增量可以分为全部消费的增量与全部储蓄的增量，所以可推出：$MPC+MPS=1$。

2. 试简述乘数理论。

【参考答案】

(1) 乘数是指自发总需求的增加所引起的国民收入增加的倍数，也可以表达为，国民收入增加量与引起这种增加量的自发总需求增加量之间的比率。

（2）乘数的大小取决于边际消费倾向。边际消费倾向越大，乘数就越大；边际消费倾向越小，乘数就越小。原因在于边际消费倾向越大，则收入的增量中就有更多部分用于消费，从而使总需求与国民收入增加得更多。

（3）通过乘数公式，我们可以得出，由于边际消费倾向大于0而小于1，所以乘数一定是大于1的。这反映了国民经济的各部门之间存在着非常密切的关系。某个部门自发总需求的增加，不仅会使本部门收入增加，而且会在其他部门引起连锁反应，使其他部门的需求与收入也增加，最终使得国民收入的增量数倍于最初自发总需求的增量。

3. 投资为什么对国民收入具有乘数作用？乘数在经济中发生作用的前提条件是什么？

【参考答案】

投资乘数是指国民收入的变化与带来这种变化的投资支出的变化的比例。它表明投资的变动将会引起国民收入若干倍的变动。

（1）投资对国民收入具有乘数作用。

设最开始投资增加 ΔI，并且设各部门的边际消费倾向为 β。则第一部门投资增加的支出会使消费需求增加 $\beta \cdot \Delta I$，从而又引起第二部门的收入增加了 $\beta \cdot \Delta I$，并且第二部门的收入中又要增加 $\beta^2 \cdot \Delta I$ 的消费，于是，第三部门的收入又增加了 $\beta^2 \cdot \Delta I$，第三部门的收入中又要增加 $\beta^3 \cdot \Delta I$ 的消费。这种某部门的收入增加带动消费增加，消费增加又带动其他部门的收入增加的连锁反应将在国民经济各部门中不断地循环下去，直到国民经济再一次达到均衡，此时整个国民经济部门所增加的国民收入 ΔY 则为 $\Delta Y = \Delta I + \beta \cdot \Delta I + \beta^2 \cdot \Delta I + \beta^3 \cdot \Delta I + \cdots$，因为边际消费倾向 $0 < \beta < l$，所以增加的总支出 $\Delta AE = \Delta Y = \frac{1}{1-\beta} \cdot \Delta I$，其中，$\frac{1}{1-\beta}$即为乘数，即投资增加1单位时，均衡产出的变动量。乘数效应中这种“鸡生蛋、蛋生鸡”的过程，体现了经济中的多米诺骨牌效应，体现了凯恩斯定律：需求创造自己的供给。

（2）乘数在经济中发生作用的前提条件。

第一，社会中存在闲置资源，即社会中过剩生产能力的大小。如果没有过剩生产能力，没有闲置资源，则投资增加及由此造成的消费支出增加，并不会引起生产增加，只会刺激物价水平上升。

第二，投资和储蓄决定的相互独立性。要假定它们相互独立，否则，乘数作用要小得多，因为增加投资所引起的对货币资金需求的增加会使利率上升，而利率上升会鼓励储蓄，削弱消费，从而会部分地抵消由于投资增加引起收入增加进而使消费增加的趋势。

第三，货币供给量增加适应支出增加的需要。假使货币供给受到限制，则投资和消费支出增加时，货币需求的增加就得不到货币供给相应增加的支持，利率就会上升，不但抑制消费，还抑制投资，使总需求降低。

4. 试简述持久收入假说。

【参考答案】

持久收入假说由诺贝尔经济学奖获得者弗里德曼提出，认为当前的消费不是取决于短期的收入水平，而是取决于持久收入水平。

弗里德曼认为个人的收入可以分为持久收入与暂时收入。持久收入是稳定的、正常的收入，如工资等；暂时收入是不稳定的、意外的收入，如彩票收入、年终奖收入等。

弗里德曼认为个人消费倾向取决于平均消费倾向，而平均消费倾向取决于持久收入与当期收入的比率。在短期中，由于暂时收入的存在，会导致平均消费倾向在短期中的波动；但是从长期看，暂时收入的影响会相互抵消，平均消费倾向则比较稳定。所以，当前的消费不是取决于短期的收入水平，而是取决于持久收入水平。

5. 试讨论绝对收入理论与其他收入理论的本质区别。

【参考答案】

绝对收入理论强调绝对收入决定当前消费。在短期中，收入与消费相关，即收入决定消费。边际消费倾向随收入的增加而递减，这是边际消费倾向递减规律。绝对收入理论的核心是消费取决于绝对收入水平与边际消费倾向递减。

其余的收入理论主要以相对收入理论、生命周期理论和持久收入理论等为主。

绝对收入理论与其他收入理论的本质区别在于政府要不要干预经济生活。因为：

第一，绝对收入理论关注的是短期，短期中的消费具有不稳定性，会引起国民收入波动，因此需要政府对经济进行干预。

第二，其他收入理论关注的是长期，长期中的消费具有稳定性，不会引起国民收入波动，因而不需要政府对经济进行干预。

第14章

国民收入的决定：*IS—LM*模型

同步导学

章节	教材内容	掌握形式	重要程度	常见题型
§14.1	投资的决定	㊣㊮ 基文	★	多见于论述题
§14.2	*IS* 曲线	基公数图	★★★	必考，必备分析工具，主流题型为计算题，包括模型再现、模型改造、应用分析等。掌握形式，首先是数理推导，其次是图形分析，文字描述最好以传导机制形式概括。应用此理论工具于论述题形式中分析具体经济现象，是近年来的新趋势
§14.3	利率的决定	基公图	★★★	必考，嵌入模型居多，作为一种货币需求理论，也出现于不同流派理论的比较分析和论述中
§14.4	*LM* 曲线	基公图	★★★	同§14.2
§14.5	*IS*—*LM* 分析	基公数图	★★★	模型数理推导为主，兼具图形分析均衡调节过程和现象解释。计算题和论述题并重
§14.6	凯恩斯的基本理论框架	图文	★★	理解，不会直接考查，但其思想又无处不在。无需背诵，最好是水到渠成式的掌握，才是真正掌握

框架与归纳

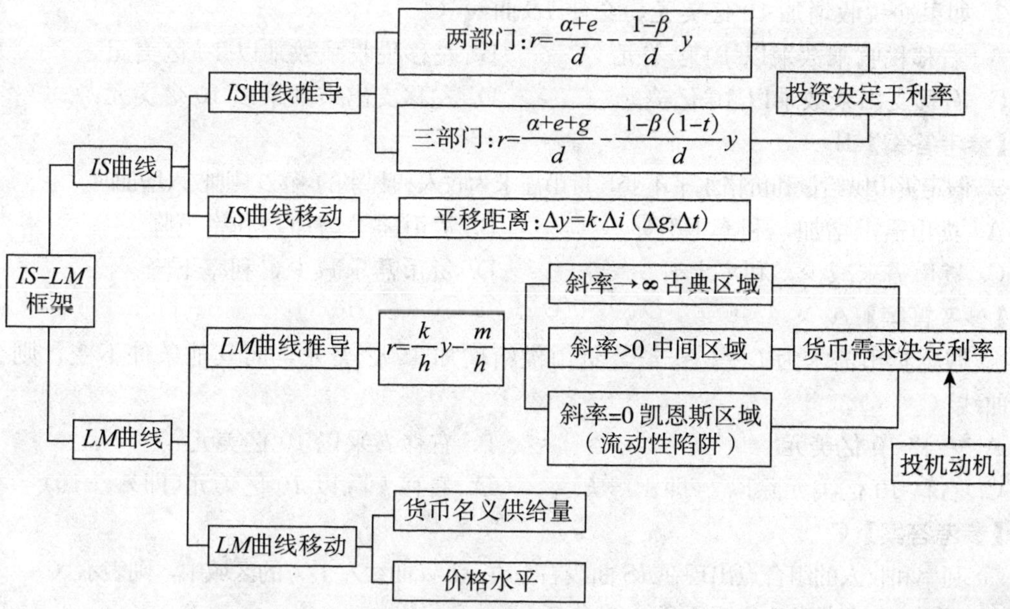

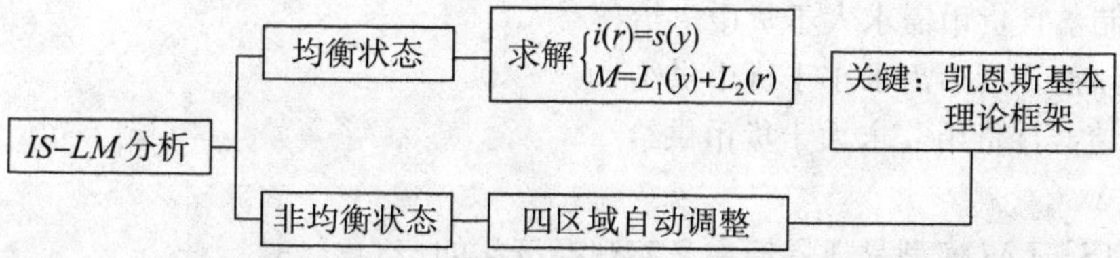

IS—*LM* 模型是凯恩斯主义理论的最核心内容，基本属于历年各校必考内容，难易灵活，计算与论述均可考查。本模型必须从文字、图形和代数三种形式掌握，并结合财政政策和货币政策应用于实际经济现象的定量和定性分析。

第一个主要内容是模型的建立，包括 *IS* 和 *LM* 两条曲线（函数）的推导和关于斜率和曲线移动的分析。其中，*IS* 曲线（函数）在收入—支出模型中已经详细分析其经济含义，因此本章重点在于图形和代数形式的推导；*LM* 曲线（函数）是凯恩斯新引入经济学中的内容，涉及其理论的核心逻辑，货币外生实际依赖于货币需求与货币供给决定的利率高低，这一利率与资本边际收益共同决定了投资，进而对产出有了实质性影响。相对于新古典经济学，这是凯恩斯革命的意义所在。

第二个主要内容是模型本身，一个是均衡状态的调整过程，一个是应用模型分析财政政策和货币政策的效果（这一内容将在第 17 章专门展开论述，但从逻辑上讲，属于本部分的应用分析）。

课后习题解析

1. 自发投资支出增加 10 亿美元，会使 *IS* 曲线（ ）。

A. 右移 10 亿美元　　　　B. 左移 10 亿美元

C. 右移支出乘数乘以10亿美元　　D. 左移支出乘数乘以10亿美元

【参考答案】 C

2. 如果净税收增加10亿美元，会使 IS 曲线（　　）。

A. 右移税收乘数乘以10亿美元　　B. 左移税收乘数乘以10亿美元

C. 右移支出乘数乘以10亿美元　　D. 左移支出乘数乘以10亿美元

【参考答案】 B

3. 假定货币供给量和价格水平不变，货币需求为收入和利率的函数，则收入增加时（　　）。

A. 货币需求增加，利率上升　　B. 货币需求增加，利率下降

C. 货币需求减少，利率上升　　D. 货币需求减少，利率下降

【参考答案】 A

4. 假定货币需求为 $L=ky-hr$，货币供给增加10亿美元，而其他条件不变，则会使 LM 曲线（　　）。

A. 右移10亿美元　　B. 右移 k 乘以10亿美元

C. 右移10亿美元除以 k(即 $10\div k$)　　D. 右移 k 除以10亿美元(即 $k\div 10$)

【参考答案】 C

5. 利率和收入的组合点出现在 IS 曲线右上方、LM 曲线左上方的区域中，则表示（　　）。

A. 投资小于储蓄且货币需求小于货币供给

B. 投资小于储蓄且货币需求大于货币供给

C. 投资大于储蓄且货币需求小于货币供给

D. 投资大于储蓄且货币需求大于货币供给

【参考答案】 A

6. 怎样理解 $IS-LM$ 模型是凯恩斯主义宏观经济学的核心？

【思路点拨】 理解 $IS-LM$ 模型的经济含义和图形表述，以及代数推导，并将其应用于经济现象解释，是掌握这一模型的必备技能。在此基础上，不断体会为什么多恩布什说“$IS-LM$ 模型是凯恩斯主义宏观经济学的标准分析工具”。

【参考答案】

凯恩斯主义理论强调有效需求原理，认为国民收入决定于有效需求，而有效需求决定于三大心理法则，即边际消费倾向递减、资本边际效率递减以及心理上的流动偏好这三个心理规律的作用。这三大心理法则涉及四个变量：边际消费倾向、资本边际效率、货币需求和货币供给。由此，凯恩斯通过利率把货币经济和实物经济联系起来，打破了新古典学派把实物经济和货币经济分开的“两分法”，从而建立货币非中性理论，即货币市场上的均衡利率会影响投资和收入。

而产品市场上的均衡收入又会影响货币需求和利率，这一逻辑由汉森与希克斯通过 $IS-LM$ 框架形式化，直观表示产品市场和货币市场的相互联系和作用。结果使在《就业、利息和货币通论》中晦涩的表述变为易懂而形象的 $IS-LM$ 模型，凯恩斯的有效需求理论也得到了完善的表述，方便传播和为人所接受。在凯恩斯主义理论发展过程中，学者们围绕 $IS-LM$ 模型不断发展新的形式，不断扩展其应用领域，最终成了凯恩斯主义宏观经济学的核心。

7. 在 IS 和 LM 两条曲线相交时所形成的均衡收入是否就是充分就业的国民收入？为什么？

【思路点拨】本题意在强调 $IS—LM$ 均衡，并不意味着一定是充分就业均衡，而只是一种短期产品市场和货币市场相互作用的均衡。在凯恩斯主义逻辑中，认为这种市场化力量实现的往往是非充分就业均衡，只靠市场力量往往达不到充分就业均衡，因而需要政府干预经济。

【参考答案】

在 IS 曲线和 LM 曲线的交点处同时实现了产品市场和货币市场的均衡。但是，这一均衡却不一定是充分就业的均衡。这是因为，在一定的经济条件下，存在着唯一一个利率和收入的组合能够使产品市场和货币市场同时达到均衡，但是这一组合并不必然是达到充分就业的利率收入组合。如图 14－1 所示，$(\bar{r}, \bar{y})$ 点是 IS 曲线和 LM 曲线的交点，但是，充分就业时的利率收入组合确是 (r^*, y^*) 点。此时要想达到充分就业的水平，仅仅依靠市场的力量是不够的，需要政府运用财政政策、货币政策来调节，使 IS 曲线、LM 曲线移动达到充分就业水平。

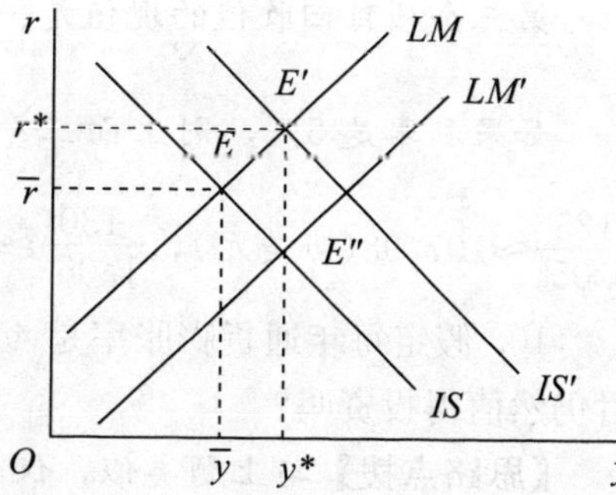

图 14－1

8. 如果产品市场和货币市场没有同时达到均衡而市场又往往能使其走向均衡或者说一般均衡，为什么还要政府干预经济生活？

【思路点拨】市场是否均衡强调的是市场是否能够达到一种稳定的状态，此时市场力量无法使各个变量进一步变化，因此，产品市场和货币市场的同时均衡仅是指此时两个市场处于一种不再变化的状态。是否需要政府干预，则取决于价值判断，即认为此时的均衡没有实现充分就业，劳动市场是非出清状态，需要政府干预调节，使经济系统走向一种我们希望的均衡状态。

【参考答案】

当产品市场和货币市场没有同时达到均衡时，通过市场的力量是能够使两个市场达到同时均衡的状态，两个市场同时达到均衡时，这时的利率收入组合却不一定是市场达到充分就业的组合，而此时，单单通过市场的力量是不够的，所以需要政府来干预经济生活，运用财政政策和货币政策或者其他多种方式来相机调控。

9. 一个预期长期实际利率是 3% 的厂商正在考虑一个投资项目清单，每个项目都需要花费 100 万美元，这些项目在回收期长短和回收数量上不同，第一个项目将在两年内回收 120 万美元；第二个项目将在三年内回收 125 万美元；第三个项目将在四年内回收 130 万美元。哪个项目值得投资？如果利率是 5%，答案有变化吗？（假定价格稳定）

【思路点拨】考查对于资本边际效率和利率共同决定投资行为这一观点的理解。作为成本的实际利率都为 3%，即意味着决定投资行为的只是预期收益的大小比较。这种比较涉及货币的时间价值，不能直接把不同时点的现金流当作数值进行大小比较，而是要比较其现值。

【参考答案】

第一个项目两年内回收120万美元，实际利率是3%，其现值是$\frac{120}{1.03^2}\approx 113.11$(万美元)大于100万美元，故值得投资。

同理，可计得第二个项目回收值的现值是$\frac{125}{1.03^3}\approx 114.39$(万美元)，大于100万美元，也值得投资。

第三个项目回收值的现值是$\frac{130}{1.03^4}\approx 115.50$(万美元)，大于100万美元，也值得投资。

如果利率是5%，则上面三个项目回收值的现值分别是：$\frac{120}{1.05^2}\approx 108.84$(万美元)，$\frac{125}{1.05^3}\approx 107.98$(万美元)，$\frac{130}{1.05^4}\approx 106.95$(万美元)。因此，也都值得投资。

10. 假定每年通货膨胀率是4%，上题中回收的资金以当时的名义美元计算，这些项目仍然值得投资吗?

【思路点拨】与上题类似，仅是增加了通货膨胀率这一因素。

【参考答案】

如果预期通货膨胀率是4%，则120万美元、125万美元和130万美元的现值分别是$\frac{120}{1.04^2}\approx 110.95$(万美元)，$\frac{125}{1.04^3}\approx 111.12$(万美元)，$\frac{130}{1.04^4}\approx 111.12$(万美元)。

以3%的利率折成现值，分别为：$\frac{110.95}{1.03^2}\approx 104.58$(万美元)，$\frac{111.12}{1.03^3}\approx 101.69$(万美元)，$\frac{111.12}{1.03^4}\approx 98.73$(万美元)。

若以5%的利率折成现值，分别为：$\frac{110.95}{1.05^2}\approx 100.63$(万美元)，$\frac{111.12}{1.05^3}\approx 95.99$(万美元)，$\frac{111.12}{1.05^4}\approx 91.42$(万美元)。

综上所述，当通货膨胀率为4%、利率为3%时，第一、第二个项目仍可以投资，而第三个项目不值得投资；当通货膨胀率为4%、利率为5%时，第一个项目值得投资，而第二、第三个项目不值得投资。

11. (1) 若投资函数为$i=100$(亿美元)$-5r$，找出利率r为4%、5%、6%、7%时的投资量；

(2) 若储蓄为$S=-40$(亿美元)$+0.25y$，找出与上述投资相均衡的收入水平；

(3) 求IS曲线并作出图形。

【思路点拨】最简单的$IS-LM$模型计算题型，直接套用模型计算。但需要注意的是，对这一模型设置的考研题目难度已经远远超过本题。具体掌握要求参见下题。

【参考答案】

(1) 投资函数为$i=100-5r$，将$r=4\%$，$r=5\%$，$r=6\%$，$r=7\%$分别代入此公式中，

$$i=100-5\times4=80(\text{亿美元})$$
$$i=100-5\times5=75(\text{亿美元})$$
$$i=100-5\times6=70(\text{亿美元})$$
$$i=100-5\times7=65(\text{亿美元})$$

(2) 根据产品市场均衡时的条件：$i=s\Rightarrow100-5r=-40+0.25y$。

解出收入和利率的函数式

$$y=560-20r$$

将 $r=4\%$，$r=5\%$，$r=6\%$，$r=7\%$代入此函数式，求出相应利率情况下的均衡收入

$$y=560-20\times4=480(\text{亿美元})$$
$$y=560-20\times5=460(\text{亿美元})$$
$$y=560-20\times6=440(\text{亿美元})$$
$$y=560-20\times7=420(\text{亿美元})$$

(3) 以收入 y 为横坐标，以利率 r 为纵坐标，收入和利率的函数式为 $y=560-20r$，它的数学表达式为 $r=28-\frac{y}{20}$，由此确定斜率，再将(480，4%)、(460，5%)、(440，6%)、(420，7%)在坐标系中标出来，把这些点按照斜率连接起来就得到 IS 曲线，如图 14-2 所示。需要特别说明的是，$r=4$,$r=5$ 等，实际上是指利率为 4%，5%等，但在 IS—LM 模型中计算时，仍按 $r=4$，$r=5$ 等计算，而不能按 $r=4\%$，$r=5\%$等计算。往后类似的题目不再赘述。

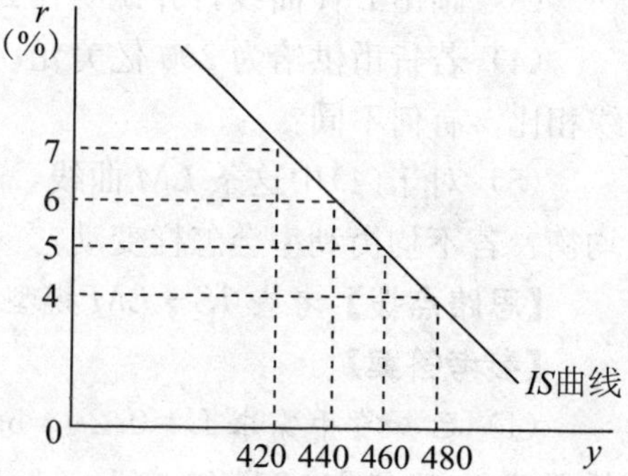

图 14-2

12. 假定：

(a) 消费函数为 $c=50+0.8y$，投资函数为 $i=100(\text{亿美元})-5r$；

(b) 消费函数为 $c=50+0.8y$，投资函数为 $i=100(\text{亿美元})-10r$；

(c) 消费函数为 $c=50+0.75y$，投资函数为 $i=100(\text{亿美元})-10r$。

(1) 求 (a)、(b)、(c) 的 IS 曲线；

(2) 比较(a)和(b)，说明投资对利率更敏感时，IS 曲线的斜率发生什么变化；

(3) 比较(b)和(c)，说明边际消费倾向变动时，IS 曲线的斜率发生什么变化。

【思路点拨】与上题相比，本题增加对曲线斜率的考查。模型中涉及的曲线，其推导(图形+代数)、斜率和移动(截距)是关键内容，无论模型如何变形，都是围绕这三个方面展开，这也是学习和复习的根本所在。万变不离其宗，抓住最基本的模型形式，熟练掌握模型各参数和表达式在数学(图形+代数)上的处理方法，以及其相应经济含义，这是更深入理解模型乃至改造模型的前提，也是完美解答考研难题的关键。

【参考答案】

(1) 根据 $y=c+s$，得到 $s=y-c=y-(50+0.8y)=-50+0.2y$，再根据均衡条件 $i=s$，可得

$$100-5r=-50+0.2y$$

解得(a)的 IS 曲线为：$y=750-25r$；同理，可解得(b)的 IS 曲线为 $y=750-50r$；(c)的 IS 曲线为 $y=600-40r$。

(2) 比较(a)和(b)，我们可以发现(b)的投资函数中的投资对利率更敏感，表现在 IS 曲线上就是 IS 曲线斜率的绝对值变小，即 IS 曲线更平坦一些。

(3) 比较(b)和(c)，当边际消费倾向变小(从 0.8 变为 0.75)时，IS 曲线斜率的绝对值变大了，即(c)的 IS 曲线更陡峭一些。

13. 假定货币需求为 $L=0.2y-5r$。

(1) 画出利率为 10%、8%和 6%而收入为 800 亿美元、900 亿美元和 1 000 亿美元时的货币需求曲线；

(2) 若名义货币供给量为 150 亿美元，价格水平 $P=1$，找出货币需求与供给相均衡的收入与利率；

(3) 画出 LM 曲线，并说明什么是 LM 曲线；

(4) 若货币供给为 200 亿美元，再画一条 LM 曲线，这条 LM 曲线与(3)中的 LM 曲线相比，有何不同？

(5) 对于(4)中这条 LM 曲线，若 $r=10\%$，$y=1\,100$(亿美元)，货币需求与供给是否均衡？若不均衡利率会怎样变动？

【思路点拨】 考查 $IS-LM$ 模型中的 LM 曲线及其经济含义。要求参见上题。

【参考答案】

(1) 已知货币需求 $L=0.2y-5r$，简单代入数值即可得相应 L。如图 14－3所示。

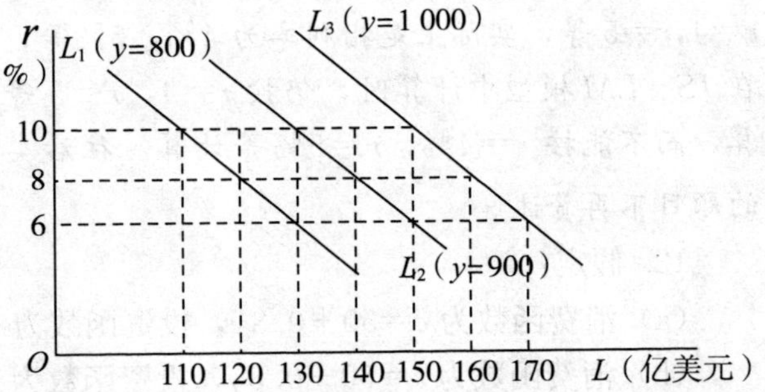

图 14－3

故当 $r=10\%$，y 分别为 800 亿美元、900 亿美元和 1 000 亿美元时的货币需求量分别为 110 亿美元、130 亿美元和 150 亿美元；

同理，当 $r=8\%$，y 分别为800 亿美元、900 亿美元和 1 000 亿美元时的货币需求量分别为 120 亿美元、140 亿美元和 160 亿美元；

同理，当 $r=6\%$，y 分别为 800 亿美元、900 亿美元和 1 000 亿美元时的货币需求量分别为 130 亿美元、150 亿美元和 170 亿美元。

(2) 货币需求与供给均衡时，即 $L=M^s$，可得 $L=0.2y-5r$，$M^s=m=\dfrac{M}{P}=\dfrac{150}{1}=150$，联立这两个方程得 $0.2y-5r=150$，即 $y=750+25r$。

可见，货币需求和供给均衡时的收入和利率组合为(1 000,10%)、(950,8%)、(900,6%)。

(3) LM 曲线是表示货币市场均衡时收入 y 和利率 r 的关系的图形，相应表达式为 LM 方程。也就是说，LM 曲线上的任意一点都代表一定利率和收入的组合，在这样的组合下，货币需求与供给都是相等的，亦即货币市场是均衡的。

根据(2)的 $y=750+25r$，就可以得到 LM 曲线，如图 14-4 所示。

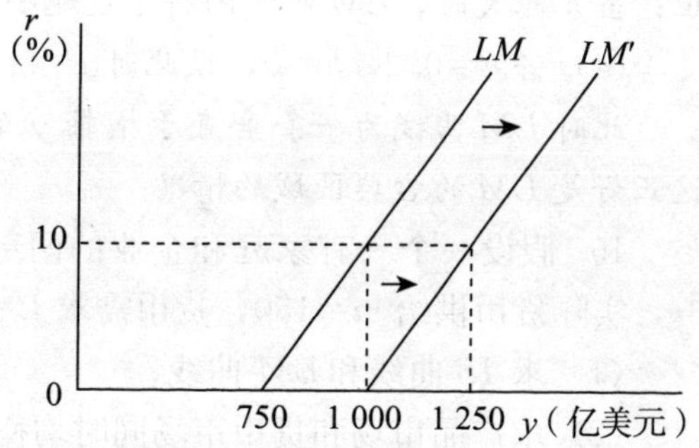

图 14-4

(4) 如果货币供给为 200 美元，则 LM' 曲线为 $0.2y-5r=200$，即 $y=1\,000+25r$。这条 LM' 曲线与(3)中得到的这条 LM 曲线相比，向右平行移动了 250 个单位。

(5) 对于(4)中这条 LM' 曲线，若 $r=10\%$，$y=1\,100$ 亿美元，则货币需求 $L=0.2y-5r=0.2\times1\,100-5\times10=170$(亿美元)，而货币供给 $M^S=200$(亿美元)，由于货币需求小于货币供给，所以利率会下降，直到实现新的平衡。

14. 假定名义货币供给量用 M 表示，价格水平用 P 表示，实际货币需求用 $L=ky-hr$ 表示。

(1) 求 LM 曲线的代数表达式，找出 LM 曲线的斜率的表达式；

(2) 找出 $k=0.20$，$h=10$；$k=0.20$，$h=20$；$k=0.10$，$h=10$ 时 LM 曲线的斜率的值；

(3) 当 k 变小时，LM 斜率如何变化；h 增加时，LM 曲线斜率如何变化，并说明变化原因；

(4) 若 $k=0.20$，$h=0$，LM 曲线形状如何？

【思路点拨】本题主要是在 $IS-LM$ 框架下对 LM 曲线的考查，重点仍是推导、斜率、移动三个问题。

【参考答案】

(1) LM 曲线上的每一点都是满足实际货币需求量等于实际货币供给量的利率收入组合点，即 $L=m$。其中 $L=ky-hr$，$m=\frac{M}{P}$，所以 $ky-hr=\frac{M}{P}$，解得 LM 曲线的数学表达式为

$$r=\frac{k}{h}y-\frac{M}{Ph}$$

LM 曲线的斜率的表达式为：$\frac{k}{h}$。

(2) 由(1)可知，将 $k=0.20$，$h=10$；$k=0.20$，$h=20$；$k=0.10$，$h=10$ 分别代入 LM 曲线的斜率表达式中

$$\begin{cases}\frac{k}{h}=\frac{0.20}{10}=0.02\\ \frac{k}{h}=\frac{0.20}{20}=0.01\\ \frac{k}{h}=\frac{0.10}{10}=0.01\end{cases}$$

(3) 由于 LM 曲线的斜率为 $\frac{k}{h}$，因此当 k 越小时，LM 曲线的斜率越小，其曲线越平

坦；当 h 越大时，LM 曲线的斜率也越小，其曲线也越平坦。

(4) 若 $k=0.2$，$h=0$，设此时 $P=1$ 则 LM 曲线为 $0.2y=M$，即 $y=5M$。

此时 LM 曲线为一条垂直于横轴 y 的直线，$h=0$ 表明货币需求与利率的大小无关，这正好是 LM 的古典区域的情况。

15. 假设一个只有家庭和企业的两部门经济中，消费 $c=100+0.8y$，投资 $i=150-6r$，实际货币供给 $m=150$，货币需求 $L=0.2y-4r$(单位都是亿美元)。

(1) 求 IS 曲线和 LM 曲线；

(2) 求产品市场和货币市场同时均衡时的利率和收入；

(3) 此时经济是否必然实现充分就业?

【思路点拨】本题是完整的 $IS-LM$ 模型简单再现题型，属于基本题型之一。就考研目前的出题风格和难度而言，本题较为简单。需要更深入掌握以模型为基础的各种题型。

【参考答案】

(1) 联立方程

$$\begin{cases} c=\alpha+\beta y \\ i=e-dr \\ y=c+i \end{cases}$$

解得：$y=\alpha+\beta y+e-dr$，此时 IS 曲线为 $r=\dfrac{\alpha+e}{d}-\dfrac{1-\beta}{d}y$。

于是由题意 $c=100+0.8y$，$i=150-6r$，可得 IS 曲线为

$$r=\frac{100+150}{6}-\frac{1-0.8}{6}y$$

即

$$y=1\,250-30r$$

再求 LM 曲线，由于货币供给 $m=150$，货币需求 $L=0.2y-4r$，故货币市场供求均衡时得

$$150=0.2y-4r$$

即

$$y=750+20r$$

(2) 产品市场和货币市场同时均衡时，IS 和 LM 曲线相交于一点，求解 IS 和 LM 的联立方程得到该点的收入和利率，即

$$\begin{cases} y=1\,250-30r \\ y=750+20r \end{cases}$$

可得均衡利率 $r=10\%$，均衡收入 $y=950$(亿美元)。

(3) 不必然。根据 $IS-LM$ 模型，其均衡点并不必然是处于充分就业均衡状态，这一均衡只是说明产品市场和货币市场同时实现了均衡。如果尚未实现充分就业，需要有外部力量打破这一均衡并使之导向充分就业状态的均衡，如扩张性经济政策。

能力提升

1. 试简述流动偏好陷阱。

【参考答案】

流动偏好陷阱，是凯恩斯流动偏好理论的一个概念，具体是指当利率极低时，有价债

券的价格会达到很高，人们为了避免因有价债券价格跌落而遭受损失，几乎都宁愿持有现金而不愿持有有价债券。这意味着货币需求会变得完全有弹性，人们对货币的需求量趋于无限大，人们不管有多少货币都愿意持在手中，表现为流动偏好曲线或货币需求曲线的右端会变成水平线。在此情况下，货币政策失效，货币供给的增加不会使利率下降，从而也就不会增加投资引诱和有效需求。当经济出现上述状态时，就称之为流动偏好陷阱。但是实际上，以经验为根据的论据从未证实过流动偏好陷阱的存在，而且流动偏好陷阱也未能被精确地说明是如何形成的。

2. 试简述“挤出效应”。

【参考答案】

(1) “挤出效应”是指政府支出增加所引起的私人消费或投资降低的效果。在*IS*—*LM*模型中，若*LM*曲线不变，政府支出增加，*IS*曲线向右移动，产品市场和货币市场重新均衡时引起利率的上升和国民收入的增加。但是，利率的上升会抑制一部分私人投资，降低原有的乘数效应，因此，财政支出增加引起国民收入增加的数量小于不考虑货币市场的均衡(即*LM*曲线)或利率不变条件下的国民收入的增加量。这两种情况下的国民收入增量之差，就是利率上升引起的“挤出效应”。

(2) “挤出效应”的大小取决于以下四个因素：

第一，支出乘数的大小。

第二，货币需求对产出变动的敏感程度。

第三，货币需求对利率变动的敏感程度。

第四，投资需求对利率变动的敏感程度，即投资的利率系数的大小。

(3) 在凯恩斯主义极端情况下，货币需求利率系数为无限大，而投资需求的利率系数等于零。因此，政府支出的“挤出效应”为零，财政政策效果极大。在古典主义极端情况下，货币需求利率系数为零，而投资需求的利率系数极大。因此，“挤出效应”是完全的。

3. 简析凯恩斯有效需求不足、三大基本心理规律及其政策主张。

【参考答案】

凯恩斯的宏观经济理论是建立在有效需求不足的基础之上的，而其有效需求不足理论则是以三大基本心理规律为前提的。凯恩斯的三大基本心理规律是：边际消费倾向递减规律、资本边际效率递减规律和流动偏好陷阱。

(1) 边际消费倾向递减规律。

按照凯恩斯的消费理论，消费曲线是以递减的速率单调上升，因此消费的增加存在一个上限。当消费达到极大值时，如何增加可支配收入，消费都不会进一步增加。如果消费达到极大值时不能实现充分就业，那说明消费是不足的。

(2) 资本边际效率递减规律。

资本边际效率递减的原因是在经济萧条的情况下，投资的收益率(资本的边际效率)低，导致投资者不投资或少投资，这样一来经济更加萧条，投资的收益率更低，更不利于投资。如此往复，形成恶性循环。

资本边际效率递减的后果是投资的增加存在一个上限，不可能无限制地增加。

（3）流动偏好陷阱。

利率 r 的下降有一个下限，达到下限时，无论如何增加货币供给，都将转化为人们手中有投机动机的货币需求，对利率 r 不再产生影响。由此可见，货币的利率 r 也存在刚性，利率极低时想要通过扩张性的货币政策来刺激经济的政策会失效，此时财政政策非常有效。

三大基本心理规律结合在一起，得出的结论是：由于消费和投资的不足（不可能无限增加），总需求是不足的，产出水平必然小于充分就业的产出水平。在这种情况下，政府的干预必不可少，并且主要手段是运用财政政策（经济陷入流动偏好陷阱），所以凯恩斯主义被认为是财政主义，凯恩斯非常强调财政政策的重要性，重视政府对经济的调节。

4. 试论述央行调节货币供给量的手段。

【参考答案】

央行调节货币供给量有以下三种手段：

（1）公开市场业务：中央银行通过在金融市场上公开买卖政府证券以控制货币供给和利率的政策行为。

（2）再贴现率政策：中央银行对商业银行及其他金融机构的贷款利率。通过改变对商业银行的再贴现率（即对商业央行的贷款利率）来影响商业银行的行为，从而影响货币供给量。

（3）变动法定准备率：中央银行通过变动商业银行和其他存款机构的法定准备率来改变存款乘数，从而影响货币供给量。

5. 在古典区域内，试论述扩张性财政政策效果不大。

【参考答案】

如图 14－5 所示，在古典区域内，LM 曲线表现为一条垂直线，此时货币的投机需求为零，货币需求完全表现为交易需求，而交易量的扩大受到货币量的制约。扩张性财政政策将导致利率急剧上升，挤出效应为 100%，表明扩张性财政政策会被私人投资的挤出而冲减，利率上升，但是产出停留在原有水平，此时的财政政策无效。

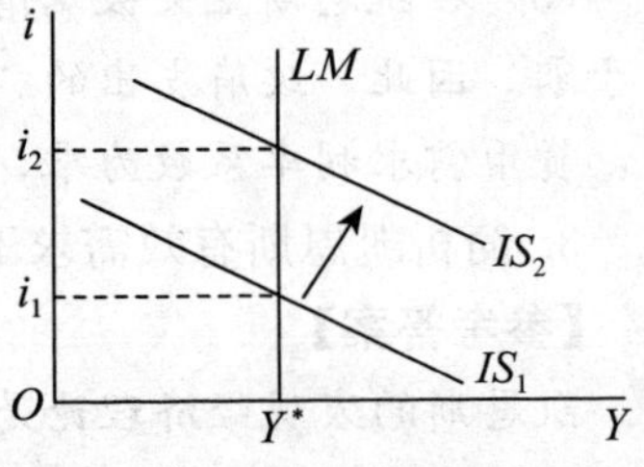

图 14－5　古典区域的 LM 曲线

第 15 章
国民收入的决定：总需求—总供给模型

同步导学

章节	教材内容	掌握形式	重要程度	常见题型
§15.1	总需求曲线	(基)(图)(文)	★★	常考考点，AD 曲线和代数两种表达式的推导和经济含义。计算题与论述题并重
§15.2	总供给的一般说明	(基)(公)(图)(文)	★★	劳动市场均衡分析常见于画图论述形式；AS 及其构成常见于论述题；AS 方程本身可作为模型计算的基本组成部分，多以计算题形式考查收入决定和政策分析，必考
§15.3	两种极端的总供给曲线	(基)(公)(文)	★★★	必考，常见于论述题，需掌握各自图形及经济含义
§15.4	常规总供给曲线	(基)(数)(图)(文)	★★	常考考点，以论述题为主，少数院校涉及 AS 代数形式推导过程
§15.5	总需求—总供给模型对现实的解释	(基)(图)(文)	★★★	必考，计算题为主，同时，应用模型解释经济现象则多见于图形分析题，两种方式都是主流题型
§15.6	总需求—总供给模型的数学小结	(基)(数)	★★★	计算题的原型，近年考题趋于对模型基础方程略作改造，重新建立模型分析问题

框架与归纳

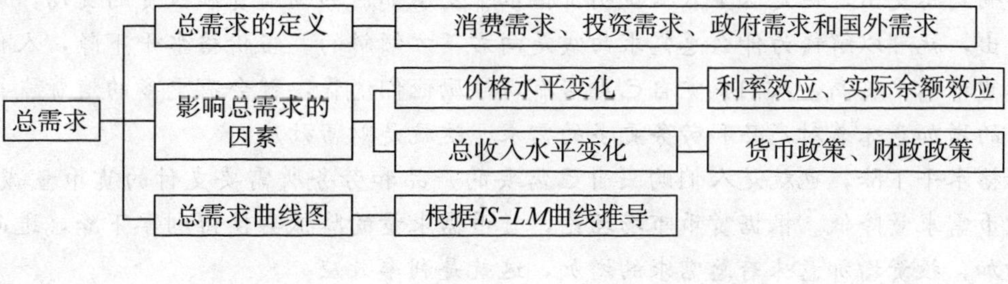

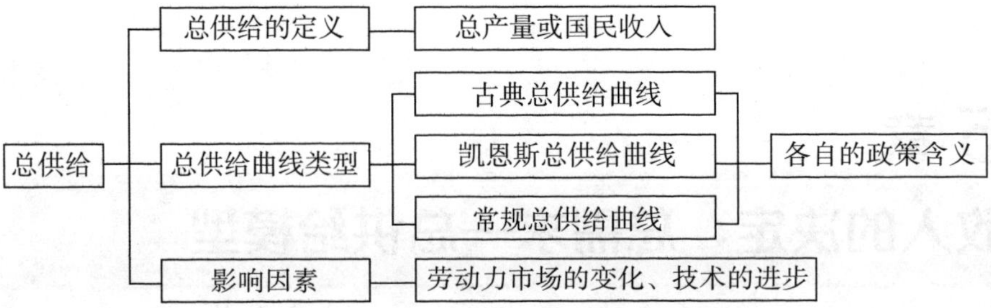

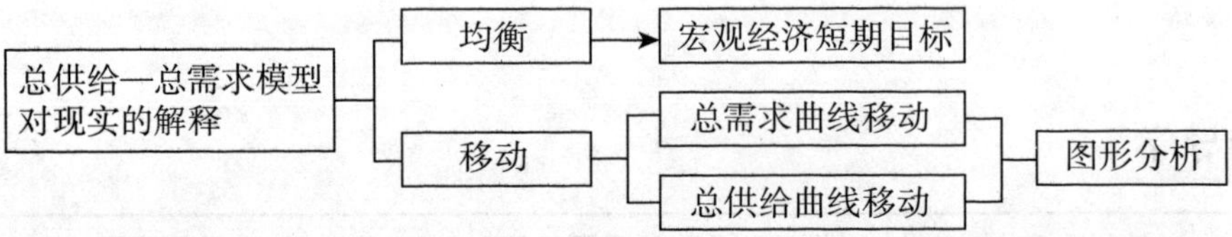

AD—*AS* 模型是新古典综合派在 20 世纪 70 年代 *IS*—*LM* 模型面对滞胀的逻辑矛盾而发展出的新模型，引入了总供给而增加了 *P* 因素，从而具有了分析物价水平和产出关系的解释力。自其提出以来，已经与 *IS*—*LM* 模型一起共同构成了中短期国民收入决定理论的主要分析框架，各自具有不同的领域。就考研而言，这两个模型是最常考的考点，要求也类似。

本章主要内容有三个，其一是 *AD* 曲线的推导，以及斜率和曲线移动问题。其二是 *AS* 曲线，包括三种类型的 *AS* 曲线。因为劳动力市场作为总供给的代表，所以劳动市场的均衡属于 *AS* 问题的另一个内容。其三是模型的代数推导和具体应用分析。

课后习题解析

1. 总需求曲线的理论来源是什么？为什么在 *IS*—*LM* 模型中，由 *P*(价格)自由变动，即可得到总需求曲线？为什么要提出 *AD*—*AS* 模型？

【思路点拨】本题考查总需求曲线的定义和推导，并要求理解 *IS*—*LM* 模型与 *AD* 曲线之间的关系。这是本章重点内容之一，也是理解价格水平与国民收入之间关系的主要框架，属于考研常考模型之一。

【参考答案】

(1) 总需求函数被定义为以产量(国民收入)所表示的需求总量和价格水平之间的关系。在总需求曲线中，需求总量是与价格水平呈反向变动的。总需求曲线中存在的这种关系的理论来源可以用财富效应和利率效应来解释。

国民收入核算的支出等式：$y=c+i+g+nx$，理论上说，公式中每一个因素发生变动都会影响到总支出，但是这里只需说明价格水平变动如何影响消费和投资的变动，进而影响总支出，就可以解释为什么总需求曲线是向右下方倾斜的。当价格水平下降，人们拥有的实际货币水平提高，人们感觉自己更富有，鼓励他们消费，就会有更多的消费支出，消费支出的增加意味着对产品和劳务更多的需求，这就是财富效应。

价格水平下降，也就是人们购买自己需要的产品和劳务所需要支付的货币量减少了，进而货币需求量降低。根据货币市场理论，货币需求量的降低会使得利率下降，进而使得投资增加，投资增加意味着总需求的增加，这就是利率效应。

财富效应和利率效应都是使得价格水平与总需求之间呈反向变动。

(2) 用 $IS—LM$ 曲线来推导总需求曲线，可以用图15-1来说明。

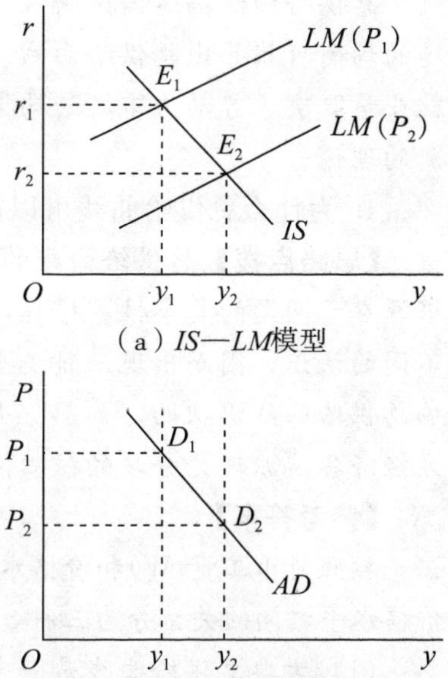

(a) IS—LM模型

(b) 总需求曲线

图 15-1　根据 IS—LM 模型推导总需求曲线

如图15-1(a)所示，当价格水平 P 的数值为 P_1 时，此时的 LM 曲线 $LM(P_1)$ 与 IS 曲线相交于 E_1 点，E_1 点所表示的国民收入和利率分别为 y_1 和 r_1。将 P_1 和 y_1 标在图15-1(b)中便得到总需求曲线上的 D_1 点。

当价格水平 P 由 P_1 下降到 P_2。由于 P 的下降，LM 曲线移动到 $LM(P_2)$ 的位置，它与 IS 曲线的交点为 E_2 点。点 (y_2,r_2) 对应于(a)图中的点 E_2，又可在下图中找到 D_2 点。

同理，随着 P 的变化，LM 曲线和 IS 曲线均衡点，每一点都代表着一个特定的 y 和 P。于是就有许多 P 与 y 的组合，从而构成了图15-1(b)中一系列的点。这些点连在一起所得到的曲线便是总需求曲线。按照模型假定，价格水平的变动不改变 IS 曲线的位置，因为 IS 曲线中的变量被指定为实际变量，不随着价格水平的变动而变动。

从总需求曲线的推导中可以看到，总需求曲线是向右下方倾斜的。价格水平越高，需求总量越小；价格水平越低，需求总量越大。

(3) $IS—LM$ 模型是在20世纪70年代经济出现滞胀问题后被提出来的，由于适用范围原因，即模型中没有价格水平变量，结构上也不包括总供给方面的因素，所以对于由于 AS 方面原因导致的滞胀现象无法解释，出现逻辑上的矛盾，当然更不能提出走出滞胀的办法，因而陷入了理论危机。在此情况下，萨缪尔森等发展出包含 AS 因素的 $AD—AS$ 模型，从而成功地解释了滞胀现象。

2. 为什么进行宏观调控的财政政策和货币政策一般被称为需求管理的政策?

【思路点拨】 需求管理的政策包括总量调节型和结构调整型，货币政策和财政政策都属于总量调节型，都是人为干预经济以改变总需求，进而希望影响产出水平。

【参考答案】

不论是财政政策还是货币政策，都是通过影响总需求来达到宏观调控目的的，所以才称这些政策为需求管理的政策。财政政策是指政府变动税收和支出，以便影响总需求，进而影响就业和国民收入的政策。货币政策是指货币当局即中央银行通过银行体系变动货币供应量来调节总需求的政策。从财政政策和货币政策的定义中可以看出，这些宏观调控的政策都是在需求端发力，管理需求、调节需求结构，通过需求的变动来实现宏观调控的目的。

3. 总供给曲线的理论来源是什么?

【思路点拨】 总供给实际上包括影响产出的供给方面的全部因素，如劳动、资本、资源和土地等。但是由于包含种类繁杂内容的资源和土地很难纳入经济分析，出于可处理和非长期分析的需要，以影响总供给比重最大的劳动要素代表总供给，因而总供给曲线事实上只包含劳动力市场因素。

【参考答案】

总供给曲线描述国民收入与一般价格水平之间的相互关系。根据生产函数和劳动力市场的均衡可推导出总供给曲线。资本存量一定时，国民收入水平随就业量的增加而增加，就业量取决于劳动力市场的均衡。所以总供给曲线的理论来源于生产函数和劳动力市场均衡的理论。

4. 为什么总供给曲线可以被区分为古典、凯恩斯和常规这三种类型？

【思路点拨】总供给曲线的不同类型，反映了宏观经济学对于总供给的理论分歧，其根源在于问题的复杂性。根据不同假设或是分析视角的不同，不同流派对于总供给曲线有不同的认识，因而出现三种类型的总供给曲线。理解的关键是掌握上述不同假设是如何影响总供给曲线形状的，如 W、P 的调节速度经济含义是什么。本题考查的内容已经涉及西方经济各流派理论分歧的核心问题。

【参考答案】

按照货币工资(W)和价格水平(P)进行调整所需要时间的长短，宏观经济学把总产出与价格水平之间的关系分为三种，即古典总供给曲线、凯恩斯总供给曲线、常规总供给曲线。

(1) 古典总供给曲线是一条位于经济的潜在产量或充分就业产量水平上的垂直线。古典总供给曲线具有垂直形状，主要是有两个理由：一是古典学派假设货币工资和价格水平可以快速调整，使得实际工资处于充分就业的水平，从而使总产量也总是处在充分就业水平；二是古典学派一般是研究经济事物的长期状态，即使不存在着货币工资和价格水平能够迅速调整的假设，在长期中，也有充分的时间使得货币工资和价格水平进行调整，从而使得实际工资处在充分就业的水平，也就是总产量处在充分就业的水平。这样，古典总供给曲线是一条位于充分就业产量水平上的垂直线。

(2) 凯恩斯总供给曲线是一条水平线，在达到充分就业水平的产量之前，经济社会能够按照既定价格生产任何数量的产量，当达到充分就业水平之后，社会没有多余的生产力，不能提供更多的产品。凯恩斯总供给曲线的水平形状主要基于以下两个理由：一是货币工资和价格水平具有刚性，也就是不能完全进行调整；二是《就业、利息和货币通论》研究的是短期情况，即使没有货币工资和价格水平具有刚性的假设，两者也没有时间进行调整。

(3) 古典总供给曲线和凯恩斯总供给曲线是总供给曲线的两种极端情况，在通常情况下，经济的短期总供给曲线是处于这两种总供给曲线之间的，也就是常规总供给曲线。常规总供给曲线是向右上方延伸的。

5. 用总需求和总供给曲线的互动，说明宏观经济中的衰退、高涨(或过热)和滞胀的状态。

【思路点拨】本题属于应用 AD—AS 模型的经济现象解释题。此类题目一般需要画图分析，关键是掌握不同经济现象对应的具体曲线怎样移动。鉴于现象解释题型越来越流行，而答题的关键在于应用合适的模型进行恰当的分析，即将具体现象归为曲线的移动，进而做比较静态分析。本题相对简单，因为教材中有相关论述，但是考研试卷中涉及的经济现象往往是近一两年发生的经济热点，对于大多数考生而言，发生的新鲜经济现象和已学过的经济理论模型常常无法一一对应，更不习惯或无法用理论模型加以解释。因此，相应的针对性训练是有必要的。

【参考答案】

应用 AD—AS 模型分析经济萧条、高涨和滞胀状态，可以用图 15-2、图 15-3 加以解释，以此说明短期的收入和价格水平的决定过程。对应的情况有三种。

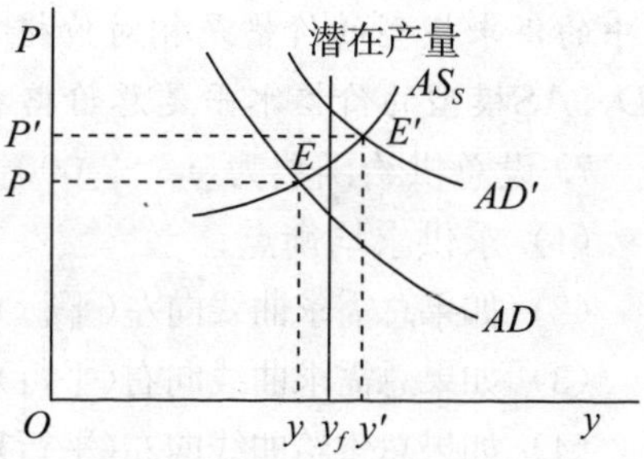

图 15-2 萧条状态与高涨状态的说明

（1）如图 15-2 所示，AD 是总需求曲线，AS_S 是短期总供给曲线，总需求曲线与短期总供给曲线的交点 E，决定的产量或收入为 y，价格水平为 P，两者都处于很低的水平，表示了经济处于萧条阶段。

（2）如图 15-2 所示，当总需求曲线从 AD 向右移动到 AD′时，短期总供给曲线不变，即 AS_S 不变，与新的总需求曲线 AD′相交于新的交点 E′，决定的产量或收入为 y′，价格水平为 P′，两者都处于很高的水平，表示经济处于高涨阶段。

（3）如图 15-3 所示，当总需求不变，但短期总供给曲线从 AS_S 向左移动到 AS'_S，总需求曲线 AD 与新的短期总供给曲线 AS'_S 相交于新的交点 E′，决定的产量或收入为 y′，价格水平为 P′。此时产量低于原来的产量，但是价格高于原来的价格，表示经济处于滞胀阶段，即经济停滞与通货膨胀并存。

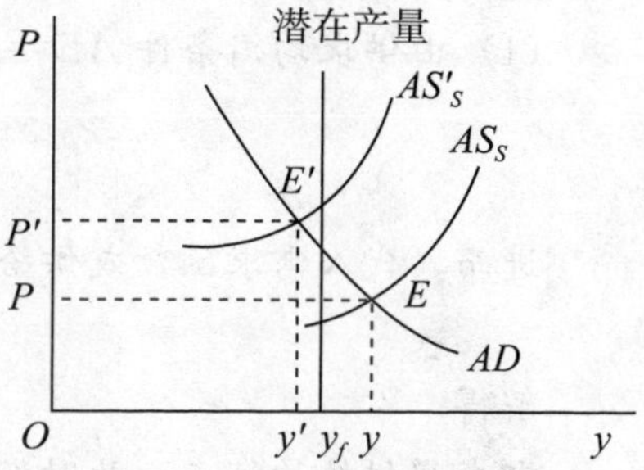

图 15-3 滞胀状态的说明

6. 对微观经济学的供求模型和宏观经济学中的 AD—AS 模型加以比较，并说明二者的异同。

【思路点拨】虽然这一道综合性论述题出现在课后习题中，但其要求的层次较高，需要理解相关理论并进行综合比较思考后才能较好的解答，需要具备较高的归纳和分析能力，事实上这恰是近几年考研的出题方向和风格趋势。

【参考答案】

相同点：一方面，二者在形式上都是通过供给和需求两方面的力量均衡求得均衡解，如微观经济学的供求模型利用供求关系说明单个商品的价格和数量的决定，宏观经济学中的 AD—AS 模型利用总供给和总需求说明总体经济的价格水平和国民收入的决定。另一方面，二者在图形上都用两条曲线来表示，在以价格为纵坐标、数量(产出)为横坐标的坐标系中，都是向右下方倾斜的为需求曲线，向右上方延伸的为供给曲线。

不同点：第一，两者的研究对象不同。微观经济学的供求模型分析的是微观经济层面的行为关系，而宏观经济学中的 AD—AS 模型分析的是宏观经济层面的宏观变量之间的关系；第二，两者的理论基础不同。微观经济学的供求模型中需求曲线的理论基础是消费者行为理论，供给曲线的理论基础主要是成本理论和市场理论。而宏观经济学中的总需求曲线的理论基础主要是产品市场均衡理论和货币市场均衡理论，总供给曲线的理论基础主要是劳动市场理论和总量生产函数；第三，两者的功能不同。微观经济学中的供求模型在说明商品价格和数量决定的同时，还可用来说明需求曲线和供给曲线移动对价格和商品数量的影响，这一模型只解释微观市场的一些现象和结果。宏观经济学中的 AD—AS 模型在说明价格水平和产出水平决定的同时，不仅可以用来解释宏观经济的波动现象，而且可以用来说明政府运用宏观经济政策干预经济的结果。第四，相关变量含义不同，微观经济学中的供求模型的价格是相对价格，表示了商品之间的相互交换关系。而宏观经济学中的 $AD—AS$ 模型的价格水平是总价格水平，是一种价格指数。

7. 设总供给函数为 $y_S=2\ 000+P$，总需求函数为 $y_D=2\ 400-P$：

（1）求供求均衡点；

（2）如果总需求曲线向左(平行)移动 10%，求新的均衡点并把该点与（1）的结果相比较；

（3）如果总需求曲线向右(平行)移动 10%，求新的均衡点并把该点与（1）的结果相比较；

（4）如果总供给曲线向左(平行)移动 10%，求新的均衡点并把该点与（1）的结果相比较；

（5）本题的总供给曲线具有何种形状？属于何种类型？

【思路点拨】 $AD-AS$ 模型均衡实现的代数形式和移动的代数表达，以及相应计算，这是掌握本模型的基本要求。

【参考答案】

（1）由供求均衡条件 $AD=AS$ 可得

$$y_D=y_S \Rightarrow 2\ 400-P=2\ 000+P$$
$$\Rightarrow P=200$$

进而，代入需求函数或供给函数可得

$$2\ 000+P=y_S=y_D=2\ 200$$

解得 $$P=200，y_S=y_D=2\ 200$$

即求得供给均衡点，此时经济处于均衡状态。

(2)向左平移 10%后的总需求方程为 $y_D=2\ 160-P$。

于是，由 $$y_S=y_D \Rightarrow 2\ 000+P=2\ 160-P$$
$$\Rightarrow P=80，y_S=y_D=2\ 080$$

与(1)相比，新的均衡表现出经济处于萧条状态。

(3)向右平移 10%后的总需求方程为 $y_D=2\ 640-P$。

于是，由 $$y_S=y_D \Rightarrow 2\ 000+P=2\ 640-P$$
$$\Rightarrow P=320，y_S=y_D=2\ 320$$

与(1)相比，新的均衡表现出经济处于高涨状态。

(4)向左平移 10%的总供给方程为 $y_S=1\ 800+P$。

于是，由 $$y_S=y_D \Rightarrow 1\ 800+P=2\ 400-P$$
$$\Rightarrow P=300，y_S=y_D=2\ 100$$

与(1)相比，新的均衡表现出经济处于滞胀状态。

(5)总供给曲线是向右上方倾斜的直线，属于常规总供给曲线。

8. 导致总需求曲线和总供给曲线变动的因素主要有哪些？

【思路点拨】 影响总需求曲线和总供给曲线的因素，教材中有介绍，其影响结果是曲线的移动。要注意价格水平变化对两条曲线的影响与此题中的因素对两条曲线的影响的区别。

【参考答案】

在给定价格水平时，任何使总支出变动的因素都会使总需求曲线移动，具体包括：①消费支出变动；②企业投资支出的变动；③政府购买支出和税收的变动；④净出口的变动；⑤货币供给的变动；⑥预期因素，预期会影响消费者和生产者对未来实际收入、投资预期回报、通货膨胀率等因素的判读，从而影响消费者和生产者的选择行为，最终影响到总需求；⑦开放条件下，汇率和贸易伙伴国经济状况也会影响到进出口和资本流动，从而对总需求产生影响。

影响总供给曲线移动的因素主要有：①劳动供给量变动；②资本变动；③自然资源可获得性变动；④技术水平变动；⑤预期价格水平变动；⑥投入品价格变动；⑦名义工资变动。

9. 在一个三部门的经济中，消费函数为$C=200+0.75Y$，投资函数为$I=200-25r$，货币需求函数为$L=Y-100r$，名义货币供给是1 000，政府购买为$G=50$，求该经济的总需求函数。

【思路点拨】 以计算题形式考查如何由$IS-LM$均衡推导AD曲线，形式上似乎比以文字或图形分析复杂，但事实上，代数形式的推导，仅仅是在早已熟悉的$IS-LM$方程组基础上，消掉r而得到的表达式即为AD方程。

【参考答案】

收入恒等式为$Y=C+I+G$，将消费函数、投资函数和政府购买支出代入其中，得$Y=200+0.75Y+200-25r+50 \Rightarrow Y=1\,800-100r$，即为$IS$曲线方程。

货币市场均衡条件为$\frac{M}{P}=L$，将货币需求关系式和货币供给数量代入其中，有$\frac{1\,000}{P}=Y-100r$，其中P为经济中的价格水平。上式化简为$Y=100r+\frac{1\,000}{P}$，即为LM曲线方程。

将两式联立，并消去变量r，得到$Y=900+\frac{500}{P}$，即为该经济的总需求曲线。

能力提升

1. 试简述宏观经济学中短期、长期与超长期的内容。

【参考答案】

（1）短期是指生产要素数量不发生变动。短期的所有价格都是黏性的，表明价格会根据市场供求变化逐步进行调整。在极端情况下，价格具有完全刚性。

（2）长期是指假设价格具有完全伸缩性，长期的所有市场都能保持出清，因此资源能够得到充分利用。在长期的框架中，生产要素的数量也被视为固定的。

（3）超长期是指生产者可以调整全部生产要素数量的情况，不仅价格具有伸缩性，资本、劳动、技术等要素也会发生改变。索洛模型就是基于超长期的条件下进行论述的。

2. 试简述总需求发生平移的影响因素。

【参考答案】

导致总需求曲线平移的原因一般有三种：财政政策、货币政策和预期改变。

（1）财政政策。扩张性财政政策（如政府购买支出增加）使得总需求曲线向右平移；紧缩性财政政策（如政府增加税收）使得总需求曲线向左平移。

（2）货币政策。扩张性货币政策（如央行降低再贴现率）使得总需求向右平移；紧缩性货币政策（如央行在证券市场出售债券）使得总需求曲线向左平移。

（3）预期改变。对未来好的预期会使总需求曲线向右平移；对未来坏的预期会使总需求曲线向左平移。

3. 试简述长期总供给曲线发生平移的影响因素。

【参考答案】

导致长期总供给曲线发生平移的原因有以下三种：劳动量的改变、资本量的改变和技术状态的改变（技术进步）。

第一，劳动量的改变。劳动量增加，社会的充分就业量增加，使得潜在 GDP 增加，从而长期总供给曲线向右平移；劳动量减少，社会的充分就业量减少，使得潜在 GDP 减少，从而长期总供给曲线向左平移。

第二，资本量的改变。资本量增加，总量生产函数向上平移，使得一定就业量下对应产出水平增加，从而使得潜在 GDP 增加，最终使得长期总供给曲线向右平移；资本量减少，总量生产函数向下平移，使得一定就业量下对应产出水平减少，从而使得潜在 GDP 减少，最终使得长期总供给曲线向左平移。

第三，技术状态的改变。技术进步尤其是基础性技术的进步，能够大范围地促进生产方式的革新。在经历相对较长的一段时间后，使得潜在 GDP 增加，从而长期总供给曲线向右平移；某一部门的单个技术改进可以在较短的时间内使得产出增加。技术的进步使得长期总供给曲线向右平移。

4. 如果石油价格下跌，试分析央行应该采取什么样的货币政策。

【参考答案】

石油作为一种基础性的生产原料，在产品的生产中具有重要的作用。如图 15-4 所示：石油价格下降会使生产成本下降，导致产品总供给曲线右移（AS_1 右移至 AS_2）、供给过度、水平价格下跌、实际货币供给增加、利率下降、投资增加，最后导致产出增加。

作为货币政策实施的主体，央行可以通过货币政策来影响总需求进行调节。可以通过紧缩性货币政策来减少货币供给量。从而使得利率上升、投资减少、总需求曲线左移（AD_1 左移至 AD_2），水平价格下跌，最后使得产出下降。产出回到充分就业水平，且价格与利率都下降。

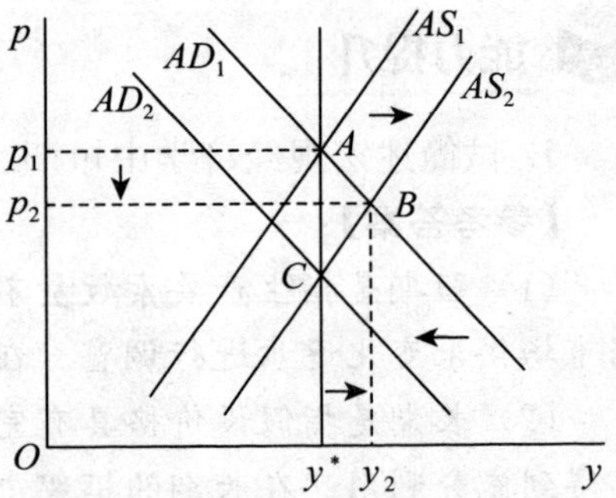

图 15-4

5. 试讨论政府治理“滞胀”的政策。

【参考答案】

(1) 主流学派的经济学家认为，虽然资本主义经济在长期中可以处在充分就业的均衡状态，总需求的增加只是提高了价格水平，并没有改变产量或收入。但短期的萧条与过度繁荣是无法避免的，所以会给社会带来损失。因此执行凯恩斯主义的经济政策，熨平萧条与过度繁荣所带来的经济波动，使经济持续处于稳定的充分就业状态是必要的。

(2) 政府治理滞胀的政策主要有：

第一，紧缩的货币政策。

第二，扩张的财政政策。

第三，利用财政杠杆调节产业结构与产品结构。

第 16 章
失业与通货膨胀

同步导学

章节	教材内容	掌握形式	重要程度	常见题型
§16.1	失业的描述	(基)	★	较少直接考查。自然失业率概念有时会结合预期、奥肯定律等内容考查
§16.2	失业的原因	(基)(文)	★★	各类失业的原因解释理论，偶尔以论述题形式考查其思想
§16.3	失业的影响与奥肯定律	(基)(公)(文)	★★★	比较常考，均可作为论述题。部分院校会将奥肯定律嵌入 AS 方程以模型计算方式考查
§16.4	通货膨胀的描述	(基)(文)	★★	作为核心分析范式，这一思想必考，常见于计算题和画图分析题
§16.5	通货膨胀的原因	(基)(图)(文)	★★	论述题为主，往往结合具体经济现象考查
§16.6	通货膨胀的成本	(基)(图)(文)	★★	
§16.7	失业与通货膨胀的关系——菲利普斯曲线	(基)(图)(文)	★★★	本章最重要考点，论述题为主，往往结合预期概念考查。计算题在逐渐增多

框架与归纳

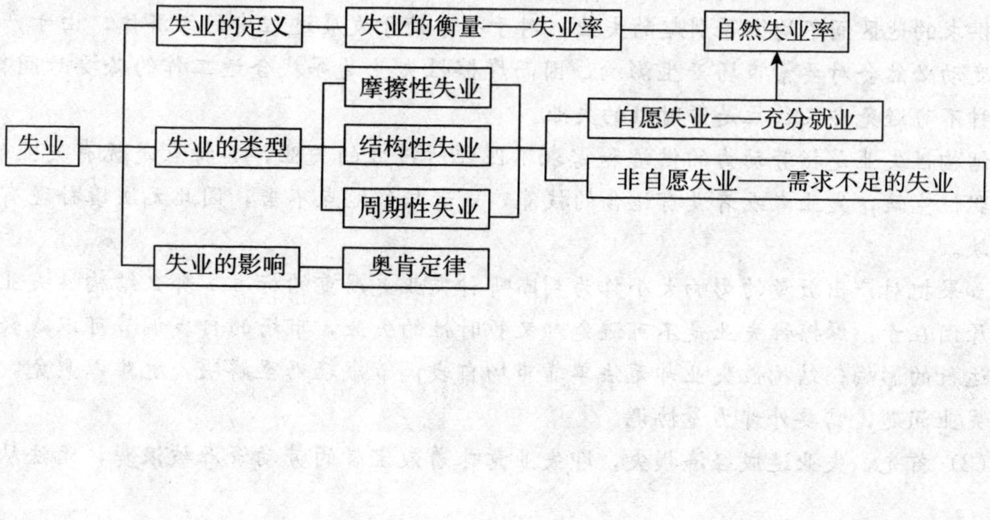

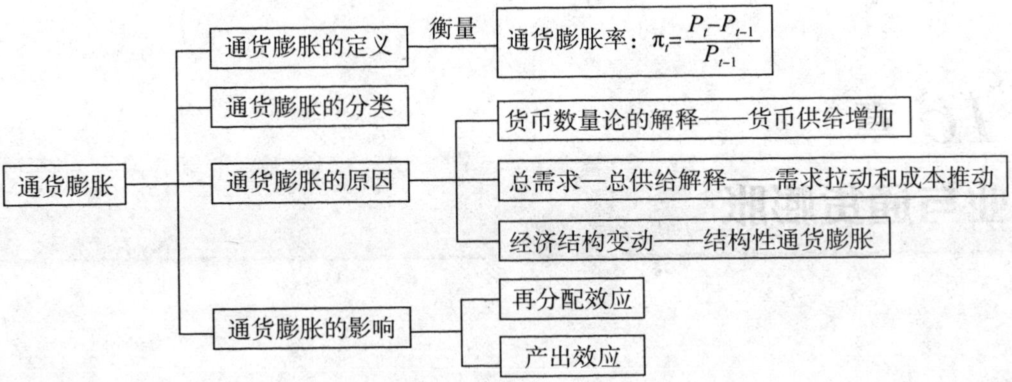

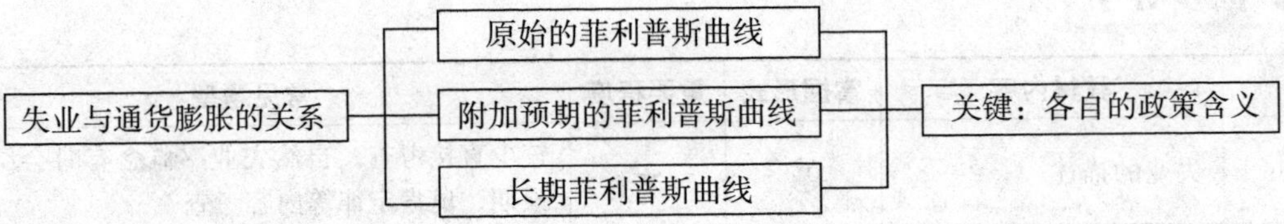

通货膨胀和失业问题属于宏观经济短期波动现象。本章主要内容有三个，即失业、通货膨胀和菲利普斯曲线。失业概念以文字掌握为主，难度较小，除奥肯定律外很少出现在计算题中。通货膨胀概念需要掌握定义公式，考题往往与延伸内容预期因素联系在一起，在准确理解基本公式基础上总体以文字形式掌握，一般出现在结合具体经济现象的论述分析题中。菲利普斯曲线是本章的重点内容，鉴于其本质就是 *AS* 曲线，因而具有极大的理论价值。

课后习题解析

1. 摩擦性失业与结构性失业相比，哪一种失业问题更严重？失业对经济造成什么影响？

【思路点拨】摩擦性失业与结构性失业最主要的区别在于其形成的原因不同，前者源于经济运行中不可避免的因素，尤其是产业升级对劳动力市场的影响，究其根源，属于经济发展伴生现象；后者则是与市场经济的有效性有关，往往需要政府干预。

【参考答案】

(1) 摩擦性失业源于工作搜索过程中信息不对称、产业升级对劳动力要求提升以及劳动力供求的地区间不均衡等引起的失业。对于一个处于发展过程中的经济体，由于产品市场的变动必然会对要素市场产生影响，因而摩擦性失业是寻找合适工作的必要时间耗费，是一种不可避免却又往往是暂时性的失业。

结构性失业是指劳动力的供给和需求不匹配所造成的失业，其特点是既有失业的人，又有职位空缺，失业者或者没有适合的技能，或者居住地点不当，因此无法填补现有的职位空缺。

如果把对产出数量的影响大小作为判断哪种失业更严重的标准，那么结构性失业更严重。原因在于：摩擦性失业是不可避免却又暂时性的失业，市场的自我调节可以减轻其对经济运行的影响；结构性失业却无法单靠市场自我调节减轻乃至解决，也难以避免，是长期性失业问题，需要外部力量协调。

(2) 首先，失业造成经济损失，即失业意味着最宝贵的劳动资源被浪费，无法从事财富创造活动；其次，失业也会导致个人和家庭损失，即失业会导致个人收入减少，甚至对当事人造成心理伤害、精神压力等；最后，失业还具有非常大的社会损失，即失业问题突出时，往往会导致收入分配悬殊，影响社会公平，进而影响社会安定。

2. 能否说有劳动能力的人都有工作才是充分就业？

【思路点拨】 考查对充分就业概念的理解，这是一个在西方经济学中反复被提到的概念，其关键在于理解摩擦性失业和结构性失业两个概念与充分就业的关系。

【参考答案】

不能。凯恩斯提出的有效需求不足的理论，认为除了有自愿失业和摩擦性失业外，还存在非自愿失业，即愿意接受一定工资水平就业的劳动者得不到就业机会。凯恩斯认为通过刺激有效需求的增加，消除非自愿失业就能实现充分就业。充分就业并不是指一切具有劳动能力的劳动者全部就业了，而是指在某一工资水平下，愿意就业的劳动者都能够就业，此时仍存在如摩擦性失业等情况，充分就业时的失业率称为自然失业率。

3. 什么是自然失业率？哪些因素影响自然失业率的高低？

【思路点拨】 自然失业率往往与现代货币主义和预期理论等联系在一起，单独作为考点出现的概率并不高。鉴于多数考生对后两者并不太熟悉，因而涉及自然失业率的题目相对得分率并不高。对于这部分内容，复习的主要任务是掌握各概念的准确定义和详细文字解释。

【参考答案】

自然失业率又被称为“正常失业率”“充分就业失业率”等，指的是在没有货币因素干扰的情况下，劳动力市场和商品市场自发供求力量导致的总供给和总需求处于均衡状态下的失业率。一般包括摩擦性失业和结构性失业。

自然失业率与诸多因素有关，如劳动者性别结构、社会福利政策、技术进步、信息因素等。具体包括：

（1）劳动者性别结构。劳动者的男女结构在第二次世界大战后有较大变化，主要是女性就业人数的大量增加，而人口性别结构又没有太大变化，因而劳动者的性别结构中女性劳动者占比大幅提高。但由于生育、体力等生理原因，女性失业率要高于男性，因而最终导致自然失业率在第二次世界大战后提升。

（2）社会福利政策。社会福利的覆盖范围和力度的加大，是现代国家的一个特征，但其结果是使自然失业率上升。如失业救济政策使部分人口宁愿不工作，最低工资法使得企业不愿多雇佣工人等。

（3）技术进步。技术进步的结果是大量使用自动化机器，低水平的劳动自然被替代，因而减少了劳动需求。但从长期看，技术进步扩展了生产的领域和规模，其结果是对劳动有更多的需求，从绝对数量看，今天的技术远远比19世纪的技术先进，但劳动者绝对数量并没有减少，而是增加了。当然，比率上如何变化，这是存在争议的。

（4）信息因素。通信技术的发展，导致信息传播的成本大幅度下降，有利于改善劳动力市场的信息不对称程度，有助于劳动力市场有效性的提高，从而影响自然失业率。

4. 说明短期菲利普斯曲线与长期菲利普斯曲线的关系。

【思路点拨】 菲利普斯曲线是考试的重点内容。原因在于其联系了失业和通货膨胀两大经济难题，同时菲利普斯方程和总供给方程的一体两面性，都决定了其在宏观经济学中的地位。考虑到预期问题，菲利普斯曲线更加复杂，也成为不同理论之间争论的焦点之一。从考研看，这属于必须重点掌握的内容，近年考题往往并不单纯地考查菲利普斯曲线，而是将其与预期、总供给、甚至与生产函数、奥肯定律等结合在一起以计算题形式出现。

【参考答案】

短期菲利普斯曲线就是在预期通货膨胀率保持不变时，表示通货膨胀率与失业率之间关系的曲线。用方程表示：$\pi=\pi^e-a(u-u^*)$，这也被称为现代菲利普斯曲线，或附加预期的菲利普斯曲线。在预期的通货膨胀率低于实际的通货膨胀率的短期中，失业率和通货膨胀率之间仍存在着替代关系。也就是说，在短期调节总需求的宏观经济政策还是有效的。

但是，西方经济学家认为，在长期中，工人会根据实际情况不断调整自己的预期，工人预期的通货膨胀率与实际通货膨胀率迟早会一致，也就是实际失业率与自然失业率相等。长期菲利普斯曲线是一条垂直线，是一条与自然失业率重合的曲线。长期菲利普斯曲线可以由短期菲利普斯曲线推导出来，如图16-1所示，当短期菲利普斯曲线为PC_1，当处于A点时，失业率为自然失业率。如果采取扩张性政策，通货膨胀率由3%上升到6%，失业率由自然失业率到u_1，但是这种情况是短期的。在长期中，工人会调整自己的预期通货膨胀率与实际通货膨胀率一致，也就是到B点，短期菲利普斯曲线由PC_1上升到PC_2。将上述过程重复下去，在短期中，工人来不及调整自己的预期，所以存在着像PC_1、PC_2这样的曲线，但是在长期中，工人的预期通货膨胀率与实际通货膨胀率一致，企业不会增加生产和就业，失业率也就不会下降，从而形成一条垂直于自然失业率水平的长期菲利普斯曲线。

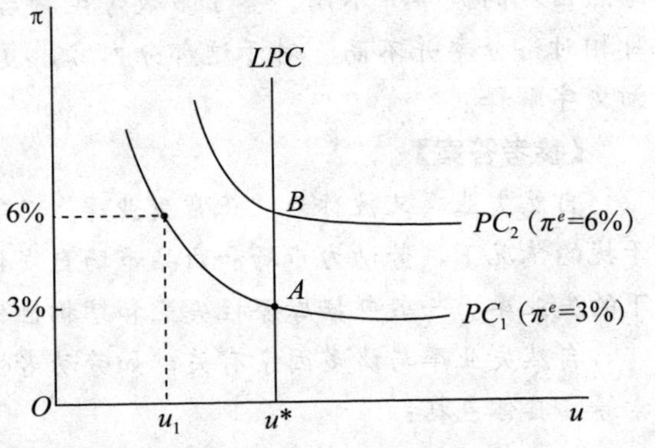

图16-1　长期菲利普斯曲线的形成

5. 通货膨胀的经济效应有哪些？

【思路点拨】本题教材中有明确解释，理解上往往不存在困难，重点在于能否结合经济热点现象具体分析相关问题。

【参考答案】

一般认为通货膨胀的经济效应包括再分配效应和产出效应。

（1）通货膨胀的再分配效应表现为：第一，通货膨胀不利于靠固定的货币收入维持生活的人。对于固定收入阶层来说，其收入是固定的货币数额，落后于上升的物价水平。其实际收入因通货膨胀而减少，他们持有的每一单位收入的购买力将随价格水平的上升而下降。相反，那些靠变动收入维持生活的人则会从通货膨胀中获益。第二，通货膨胀会在债务人和债权人之间发生收入再分配作用。一般地，通货膨胀靠牺牲债权人的利益而使债务人获利。

（2）通货膨胀的产出效应，取决于导致通货膨胀的原因：

第一，产出增长，即需求拉动型通货膨胀一般会刺激投资和产出的增加。新古典中和派认为温和的或爬行的需求拉动型通货膨胀，往往具有扩大产出和增加就业的作用，原因在于价格的调整速度快于劳动和其他要素的价格调节速度，从而使得企业的利润暂时增加，进而企业投资增加，产出增加。

第二，产出减少，即成本推动型通货膨胀往往会导致产品价格相应提高，在总需求没有相应增加的情况下，其结果必然是产品滞销，进而引起企业利润减少，最终导致投资和产出减少。

6. 说明需求拉动的通货膨胀。

【思路点拨】需求拉动的通货膨胀的成因，需要利用 $AD-AS$ 模型，结合图形分析较为清晰。另外，需求问题在凯恩斯主义理论中具有极其重要的意义，同时，任何经济体的发展都离不开需求因素的激励作用，而对于我国来讲，这种作用更加明显。因此，这一问题具有很大的现实意义。当然相关考点就更容易出现在命题人的思考中。

【参考答案】

需求拉动的通货膨胀又称超额需求通货膨胀，是指总需求超过总供给所引起的一般价格水平的持续显著的上涨。需求拉动的通货膨胀理论把通货膨胀解释为“过多的货币追求过少的商品”。需求拉动的通货膨胀可以用图 16-2 来说明。

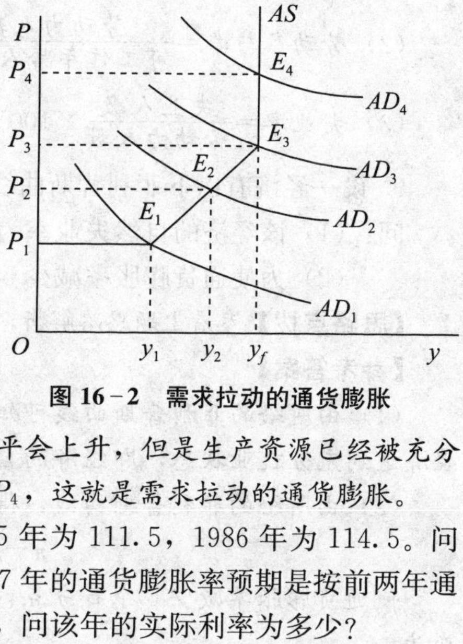

图 16-2 需求拉动的通货膨胀

当产量较低时，在图中产量小于 y_1 时，需求增加并不会引起价格水平的改变，通货膨胀不会增加；当产量大于 y_1 而小于 y_f(充分就业时的产量)时，此时需求增加，价格水平会提高，通货膨胀增加，价格水平从 P_1 上升到 P_3 的现象被称为瓶颈式的通货膨胀；当产量达到充分就业水平时的产量，需求增加，价格水平会上升，但是生产资源已经被充分利用，没有多余的生产能力了，产量仍为 y_f，从 P_3 到 P_4，这就是需求拉动的通货膨胀。

7. 若某一经济的价格水平 1984 年为 107.9，1985 年为 111.5，1986 年为 114.5。问 1985 年和 1986 年通货膨胀率各是多少？若人们对 1987 年的通货膨胀率预期是按前两年通货膨胀率的算术平均来形成。设 1987 年的利率为 6%，问该年的实际利率为多少？

【思路点拨】本题涉及通货膨胀率的计算，依据公式计算即可。需要说明的是，通货膨胀预期，按照定义可分为静态预期、外推型预期、适应性预期和理性预期，各自有不同的定义计算公式，本题只是额外提供一种预期的定义，即算术平均。直接套用算术平均定义就可计算通货膨胀预期。本题考查知识迁移能力，即题干中提供一种新信息或知识，马上要求利用这一内容进行答题的能力。而正常情况下，是教师事前讲授，考试的时候统一应用已学知识答题。

【参考答案】

1985 年的通货膨胀率为

$$\pi_{1985}=\frac{P_{1985}-P_{1984}}{P_{1984}}\times 100\%=\frac{111.5-107.9}{107.9}\times 100\%\approx 3.34\%$$

同理，1986 年的通货膨胀率为

$$\pi_{1986}=\frac{114.5-111.5}{111.5}\approx 2.69\%$$

1987 年的预期通货膨胀率为

$$\pi^e=\pi^e_{1987}=\frac{\pi_{1985}+\pi_{1986}}{2}=\frac{3.34\%+2.69\%}{2}=3.015\%$$

1987 年的实际利率＝名义利率－预期通货膨胀率＝6%－3.015%＝2.985%

8. 设某经济某一时期有 1.9 亿成年人，其中 1.2 亿人有工作，0.1 亿人在寻找工作，0.45 亿人没工作但也没在找工作。试求：(1)劳动力人数；(2)劳动参与率；(3)失业率。

【思路点拨】计算题的考查，必定会基于某一经济理论模型或核心概念。本题显然是基于通货膨胀率设置的，相对简单。但从中可以得出的启示是，熟悉计算题出题依据是哪些具体模型和概念，是做题的根本前提。

【参考答案】

(1) 劳动力人数＝就业人数＋失业人数＝1.2＋0.1＝1.3(亿)

(2) $劳动参与率=\frac{劳动力人数}{可工作年龄人口数}\times 100\%=\frac{1.3}{1.9}\times 100\%\approx 68.4\%$

(3) $失业率=\frac{失业人数}{劳动力人数}\times 100\%=\frac{0.1}{1.3}\times 100\%\approx 7.69\%$

9. 设一经济有以下菲利普斯曲线：$\pi=\pi_{-1}-0.5(u-0.06)$

问：(1) 该经济的自然失业率为多少？

(2) 为使通货膨胀率减少 5 个百分点，必须有多少周期性失业？

【思路点拨】参看上题思路解析，本题解题关键在于准确掌握附加预期的通货膨胀的概念。

【参考答案】

(1) 由所给的菲利普斯曲线可知，当 $u-0.06=0$，即失业率为 6%时，此时 $\pi=\pi_{-1}$，经济达到充分就业状态，即经济的自然失业率为 6%。

(2) 由所给的菲利普斯曲线，得

$$\pi-\pi_{-1}=-0.5(u-0.06) \tag{1}$$

使通货膨胀率减少 5 个百分点，即在式(1)中，令 $\pi-\pi_{-1}=-5\%=-0.05$，则式(1)变为

$$-0.05=-0.5(u-0.06)$$

$$u-0.06=10\%$$

所以，为使通货膨胀率减少 5%，必须有 10%的周期性失业。

10. 试说明菲利普斯曲线和总供给曲线的关系。

【思路点拨】这是一个非常重要的理论问题，但是在初、中级宏观经济学中并没有深入展开，同时讨论此问题的最佳方式是通过代数推导理解其经济含义，而非文字描述。对考研而言，能考到二者相互推导的，目前相对集中在少数知名高校。

【参考答案】

菲利普斯曲线揭示的是通货膨胀率与失业率之间的替换关系。总供给曲线揭示的是总产出和价格水平之间的关系。虽然二者在表面上所揭示的关系不同，但在本质上都表示同样的宏观经济思想。在一定的条件下，可以从总供给曲线推导出菲利普斯曲线，也可以从

菲利普斯曲线推导出总供给曲线。

从 PC 推导 AS 方程

附加预期的菲利普斯曲线方程

$$\pi=\pi^e-a(u-u^*)$$

用 $(P-P_{-1})$ 代替 π，用 (P^e-P_{-1}) 代替 π^e，这里 P 为当期价格水平，P_{-1} 为前一期价格水平，P^e 为预期价格水平，则上式变为

$$P-P^e=-a(u-u^*) \tag{1}$$

根据奥肯定律，有

$$\frac{y-y_f}{y_f}=-\alpha(u-u^*) \tag{2}$$

将式(2)代入式(1)替换掉 $(u-u^*)$ 得

$$P-P^e=\frac{a}{\alpha}\left(\frac{y-y_f}{y_f}\right) \tag{3}$$

记 $\beta=\frac{\alpha y_f}{a}$，则式(3)可写为

$$y=y_f+\beta(P-P^e) \tag{4}$$

式（4）即为总供给方程。

当 $\beta=0$ 时，总供给方程化为 $y=y_f$，此为古典或长期总供给；当 $\beta\to\infty$ 时，总供给方程化为 $P=P^e$，此为凯恩斯总供给；在 β 为 $0\sim\beta$ 之间时，此为常规总供给。

11. 设某一经济的菲利普斯曲线为 $\pi=\pi_{-1}-0.4(u-0.06)$，试求：

(1) 该经济的自然失业率是多少？

(2) 画出该经济的短期和长期菲利普斯曲线。

【思路点拨】 直接考查菲利普斯曲线，在很多高校的试题中，这是经常出现的考点，由于其本身具有一定的理解难度，因而考查深度较少延伸，但对于知名院校来讲，已经不能满足于此。本题是利用基本概念解题的计算题，并根据计算结果画图。

【参考答案】

(1) 自然失业率是指通货膨胀率与预期通货膨胀率一致时的失业率。在本题中，预期通货膨胀率为上一期的实际通货膨胀率，故在所给的菲利普斯曲线方程中，令 $\pi=\pi_{-1}$，得 $u=0.06$，因此，该经济的自然失业率为6%。

(2) 由所给方程知，该经济的短期菲利普斯曲线的斜率为 -0.4，且是一条经过点 $(u=0.06,\ \pi=\pi_{-1})$ 的直线。如图 16-3 所示。

在长期中，预期通货膨胀率等于实际通货膨胀率，相应地，失业率为自然失业率，故长期菲利普斯曲线是一条位于自然失业率水平的垂直线。

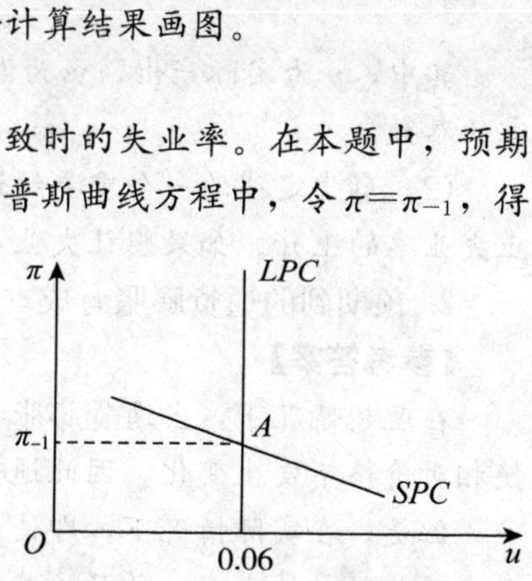

图 16-3 菲利普斯曲线

12. 试根据常规的短期总供给曲线推导出菲利普斯曲线。

【思路点拨】 本题与第 10 题类似，在本题给出从 AS 到 PC 的方法。

【参考答案】

总供给曲线，反映的是指经济总产出与价格水平之间关系的曲线。常规的短期总供给

曲线是指揭示总产出与价格水平同方向变动的关系，向右上方倾斜的曲线。故将总供给函数写为

$$p=p^e+\lambda(Y-\bar{Y}) \tag{1}$$

其中，p 和 p^e 分别为价格水平和预期价格水平的对数，Y 和 $\bar{Y}$ 分别为总产量和潜在产量，λ 为参数且 $\lambda\geqslant 0$。

式(1)两边减去上一期的价格水平 p_{-1}，有

$$p-p_{-1}=(p^e-p_{-1})+\lambda(Y-\bar{Y}) \tag{2}$$

在式(2)中，$(p-p_{-1})$ 为通货膨胀率，记为 π，(p^e-p_{-1}) 为预期通货膨胀率，记为 π^e，则式(2)为

$$\pi=\pi^e+\lambda(Y-\bar{Y}) \tag{3}$$

另一方面，奥肯定律说明，总产量与失业之间存在反向关系。具体地，由奥肯定律，有

$$\lambda(Y-\bar{Y})=-a(u-u^*) \tag{4}$$

其中，a 为常数且 $a>0$，u 为失业率，u^* 为自然失业率。将式(4)代入式(3)，得

$$\pi=\pi^e-a(u-u^*)$$

即为菲利普斯曲线。

能力提升

1. 试简述奥肯定律。

【参考答案】

(1) 奥肯定律的内容是失业率每高于自然失业率一个百分点，实际 GDP 将低于潜在 GDP 两个百分点。奥肯定律用公式表示为

$$\frac{y-y_f}{y_f}=-\alpha(u-u^*)$$

其中，y 为实际产出，y_f 为潜在产出，u 为实际失业率，u^* 为自然失业率，α 为大于零的参数。

(2) 奥肯定律的一个重要结论：实际 GDP 必须保持与潜在 GDP 同样快的增长，以防止失业率的上升。如果想让失业率下降，实际 GDP 的增长必须快于潜在 GDP 的增长。

2. 预期到的通货膨胀有成本吗？请简要说明。

【参考答案】

在理想情况下，当通货膨胀被预期到时，人们会相应地对每一种价格作出调整，从而使相对价格不发生变化。因此通货膨胀不会给经济带来很大的负面影响。

但是，在实际情况下，即使通货膨胀被预期到，人们在针对预期调整的过程中还是会产生某些数量的成本，并且这些成本并不为零。具体可以分为：

(1) 菜单成本。较高的通货膨胀会促使厂商经常改变产品的报价，而这样的改变具有一定的成本，如需要不断印刷新的产品目录，并把产品目录通过中间厂商投递到顾客手中。这种调整价格的成本称为菜单成本。

(2) 鞋底成本。当通货膨胀水平较高时，为了减少物价上涨对货币价格的侵蚀，人们

会主动减少货币的持有量。但是会增加人们去银行取款的次数。因此，减少货币持有量的成本被称为鞋底成本。

（3）税收扭曲。政府在制定税法时，往往不会考虑通货膨胀的影响。然而通货膨胀的存在往往会以立法者没有想到的方式影响个人的税收负担，从而使税收问题更加严重。

3. 试论凯恩斯主义、现代货币主义和理性预期学派关于菲利普斯曲线的理论分歧。

【参考答案】

（1）凯恩斯主义关于菲利普斯曲线的观点。

凯恩斯主义认为失业率与通货膨胀率之间存在着替换关系，即失业率高，则通货膨胀率低；失业率低，则通货膨胀率高。

菲利普斯曲线是凯恩斯主义经济政策分析的基石。凯恩斯主义认为，在一定的时点上，政府可设置一个经济能够最大限度承受的通货膨胀与失业的界限，通过总需求管理政策把通货膨胀和失业都控制在此界限之内。当通货膨胀率过高时，可通过紧缩性政策使失业率提高，以换取低通货膨胀率；当失业率过高时，采取扩张性政策使通货膨胀率提高，以获得较低的失业率。凯恩斯主义观点下的菲利普斯曲线如图16-4所示。

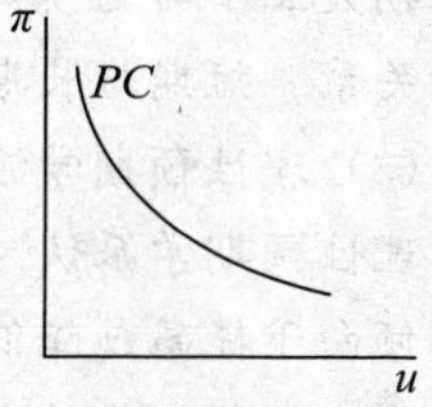

图16-4 凯恩斯主义观点下的菲利普斯曲线

（2）现代货币主义关于菲利普斯曲线的观点。

现代货币主义认为菲利普斯曲线分析中忽略了影响工资变动的一个重要因素：工人对通货膨胀的预期，由此提出了短期菲利普斯曲线。现代货币主义认为，在短期中，失业率与通货膨胀率之间的替换关系依然存在，但在长期中，持续的通货膨胀随时随地都是一种货币现象，是由于货币数量的增长超过总产量的增长所引起的。所以，在长期中，扩张性的货币和财政政策除了导致较高的通货膨胀率之外，不会对失业率产生任何影响。弗里德曼认为，货币政策只能在短期中影响宏观经济的名义量，但不能在长期中影响其实际量。因此，无论中央银行采取什么样的货币政策，从长期来看，只要影响国民经济的实际因素没有发生变化，则国民收入与失业率最终都会维持在自然失业率的水平上。为了有助于解释清楚通货膨胀率与失业率之间的这种短期与长期的不同关系，弗里德曼等人引入了“预期通货膨胀率”这一概念。根据弗里德曼的理论，在短期中，下式成立：

$$实际失业率=自然失业率-a(实际通货膨胀率-预期通货膨胀率)$$

这个式子把实际失业率与自然失业率、实际通货膨胀率与预期通货膨胀率联系了起来。在上式中，实际失业率与未预期到的通货膨胀率有关。它们之间的对应关系由a的大小来决定。而a的大小则取决于短期总供给曲线的斜率。

弗里德曼认为，人们根据既往经验所形成的关于未来的预期不会轻易改变。这样在短期中，央行可以把预期的通货膨胀率（以及短期总供给曲线）作为既定量。则当货币供给改变时，总需求曲线会沿着既定的短期总供给曲线变动，进而引起产量、价格、失业率和通货膨胀率发生没有预期到的波动，最终形成了失业率和通货膨胀率呈负相关的菲利普斯曲线。但在长期中，人们基于既往经验教训的总结，应该可以准确地预料到中央银行的货币政策对通货膨胀率的影响，从而工资和物价等变量都将根据这种通货膨胀率的预期做出调整。

换言之，弗里德曼等人认为，在一个既定的通货膨胀预期下，的确存在一条失业率与通货膨胀率之间呈负相关的菲利普斯曲线。但预期通货膨胀率的变化会使得短期菲利普斯曲线发生位置移动。在这种情况下，由于货币供给变动等因素而引起的总需求变动并不会影响实际产量。在长期中，失业率仍会维持在自然失业率的水平上，长期总供给曲线呈垂直线的形态，进而使得菲利普斯曲线也成为一条垂直线。即长期失业率与通货膨胀率之间并不存在负相关的关系。短期与长期菲利普斯曲线如图 16-5 所示。

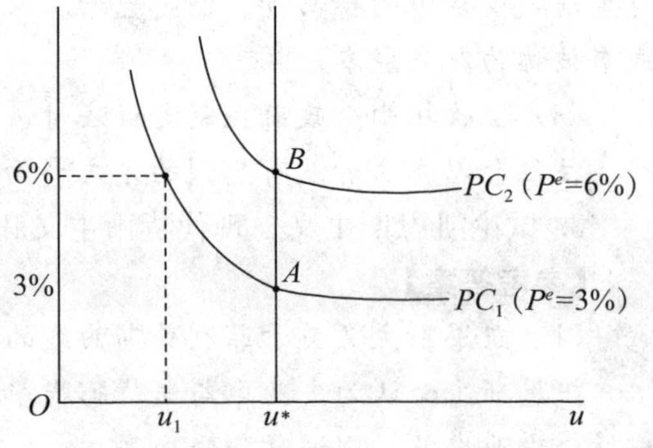

图 16-5　短期与长期菲利普斯曲线

(3) 理性预期学派关于菲利普斯曲线的观点。

理性预期学派认为若人们关于实际通货膨胀率高于或低于预期通货膨胀率的经验使得他们倾向于提高或降低通货膨胀预期，那么，产量和就业的自然水平便只是同一种稳定的通货膨胀率相一致的水平。产量和就业水平高于其自然水平，包含着预期的和实际的通货膨胀率的稳定增长。相反，预期的和实际的通货膨胀率下降，则需要一段萧条时期，这时的产量和就业水平低于其自然水平。这样，自然率假说便意味着货币政策和财政政策不会使产量永久地高于其自然水平，或失业率永久地低于其自然水平。

理性预期的特征是：人们的预期值与以后所发生的实际情况肯定一致，而不会有任何偏差。这就意味着，在理性预期假设下，即使在短期中也不可能有预期的通货膨胀率低于以后实际发生的通货膨胀率的情况，即无论在短期中或长期中，预期的通货膨胀率与实际发生的通货膨胀率总是一致的，从而也就无法以通货膨胀为代价来降低失业率了。所以，在理性预期假设下，无论是短期或长期，菲利普斯曲线都是一条从自然失业率出发的垂直线，即失业率与通货膨胀率之间不存在交替关系。

简而言之，对于菲利普斯曲线具体的形状，不同学派对此有不同的看法。普遍接受的观点是：短期菲利普斯曲线向右下方倾斜，而长期菲利普斯曲线是一条垂直线，表明失业率与通货膨胀率之间不存在替换关系。

4. 试论述适应性预期与短期菲利普斯曲线的关系。

【参考答案】

预期通货膨胀 π^e 对菲利普斯曲线的位置起着关键作用，主要分为适应性预期和理性预期。在适应性预期中，经济学家定义人们根据上期所观察到的通货膨胀来形成他们对本期通货膨胀水平预期的看法，即 $\pi^e=\pi_{-1}$，则修正的菲利普斯曲线为 $\pi=\pi_{-1}-a(u-u^*)$。

第一，适应性预期表明，通货膨胀具有惯性，因此将会持续下去，当上一期存在通货膨胀，人们本期预期通胀率就会增加，从而导致菲利普斯曲线向上平移，对应于一定的失业率，通货膨胀率上升。这也称为通货膨胀惯性；反之亦然。

第二，适应性预期表明，如果失业率偏离了自然失业率，菲利普斯曲线偏离了自然失业率，菲利普斯曲线就会逐期发生平移，因此在长期中，只有自然失业率下的通胀率才是稳定的，因此长期菲利普斯曲线呈垂直状。在自然失业率条件下即 $u=u^*$，由上可以推得

$\pi=\pi^e$，故长期菲利普斯曲线将是一条垂直于自然失业率水平的垂线。

第三，适应性预期所具有特征表明，在短期中，失业与通货膨胀之间存在一定程度的替代关系。在长期中，这种替代关系将消失，失业率将自动调整到自然失业率的水平。

5. 假定对劳动的市场需求曲线为 $D_L=-10W+150$，劳动的供给曲线为 $S_L=20W$。试求：

(1) 在市场中，劳动和工资的均衡水平为多少？

(2) 若政府宣布法定最低工资为 6 元/日，则在这个工资水平下将需求多少劳动？失业人数是多少？

【参考答案】

(1) 劳动力市场均衡时 D_L-S_L，即有

$$-10W+150=20W$$

解得

$$\begin{cases}W=5\\L=100\end{cases}$$

故在市场中，劳动和工资的均衡水平分别为 100 和 5 元。

(2) 若政府宣布法定最低工资为 6 元/日，则

$$\begin{cases}D_L=-10\times 6+150=90\\S_L=20\times 6=120\end{cases}$$

由于 $S_L-D_L=30>0$，所以若政府宣布法定最低工资为 6 元/日，则在这个工资水平下需求劳动量为 90，失业人数为 30。

第17章 宏观经济政策

同步导学

章节	教材内容	掌握形式	重要程度	常见题型
§17.1	宏观经济政策目标以及经济政策影响	㊣基	★	政策目标较少考查，即使出现多为论述题；政策影响常考查，与本节相关内容多为论述题或嵌入计算题，要求解释经济含义
§17.2	财政政策及其效果	基图	第六、七部分★★★；其余★	本节第一至五部分理解即可；第六、七部分常考，图形分析是必备能力
§17.3	货币政策及其效果	基公图	★★★	本节第一部分理解即可；第二部分存款派生机制需理解并以论述形式要掌握；第三至五部分以论述形式掌握；第六至八部分图形分析、论述是重点
§17.4	两种政策的混合使用	图文	★★★	结合经济现象的论述分析题为主；计算题形式考查政策搭配也常见，但教材没有介绍，建议掌握
§17.5	博弈论在宏观经济政策中的应用	文	★	理解并重述简要思想为主，很少考查
§17.6	关于总需求管理政策的争论	基文	★	理解并重述思想为主，偶尔见于论述题
§17.7	供给管理的政策	基文	★★	理解并重述要点，以现象解释型论述题居多

框架与归纳

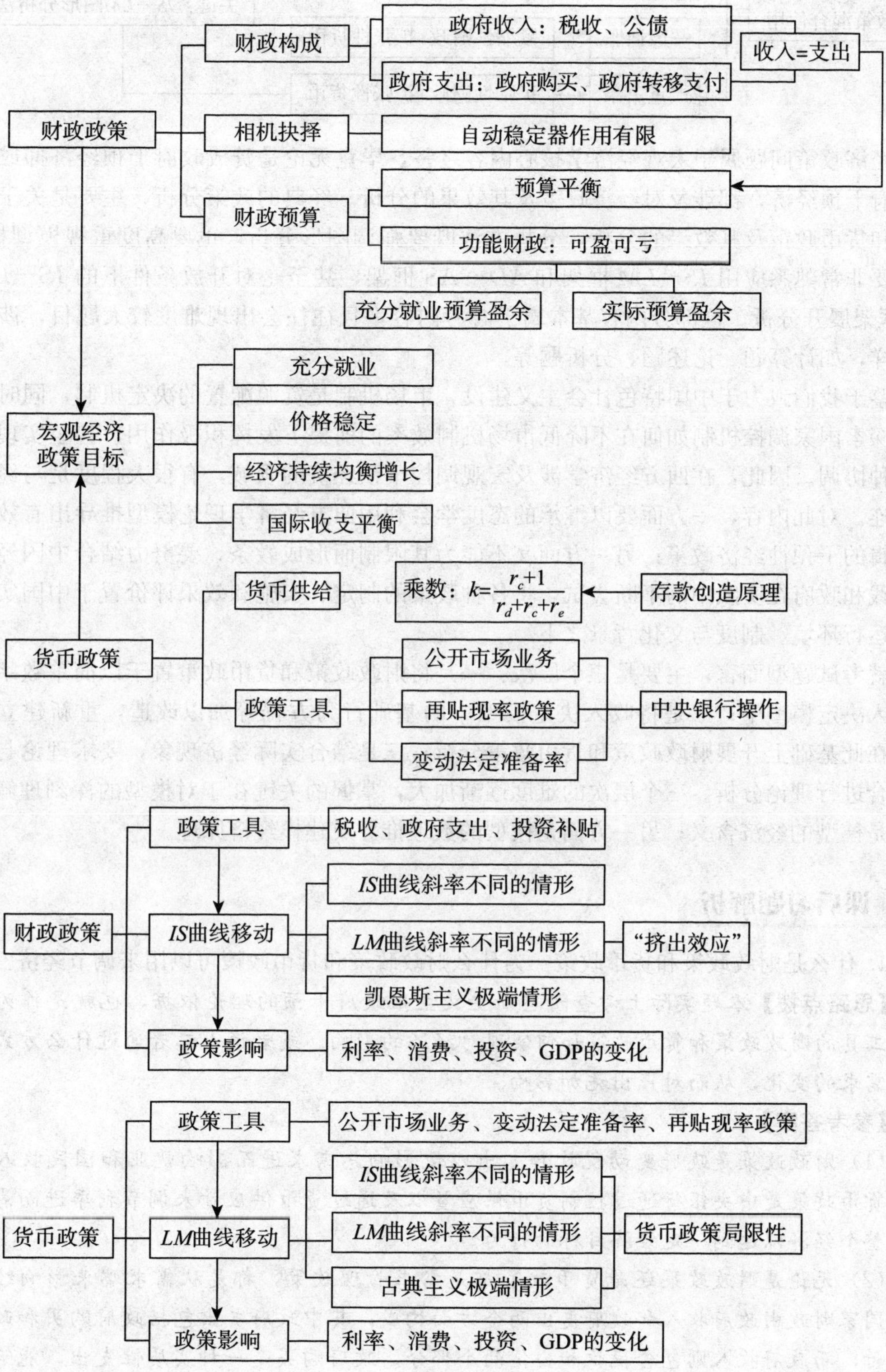
财政政策
财政构成
政府收入：税收、公债
政府支出：政府购买、政府转移支付
收入=支出
相机抉择
自动稳定器作用有限
财政预算
预算平衡
功能财政：可盈可亏
充分就业预算盈余
实际预算盈余
宏观经济政策目标
充分就业
价格稳定
经济持续均衡增长
国际收支平衡
货币政策
货币供给
乘数：$k=\frac{r_c+1}{r_d+r_c+r_e}$
存款创造原理
政策工具
公开市场业务
再贴现率政策
变动法定准备率
中央银行操作
财政政策
政策工具
税收、政府支出、投资补贴
IS曲线移动
IS曲线斜率不同的情形
LM曲线斜率不同的情形
"挤出效应"
凯恩斯主义极端情形
政策影响
利率、消费、投资、GDP的变化
货币政策
政策工具
公开市场业务、变动法定准备率、再贴现率政策
LM曲线移动
IS曲线斜率不同的情形
LM曲线斜率不同的情形
货币政策局限性
古典主义极端情形
政策影响
利率、消费、投资、GDP的变化

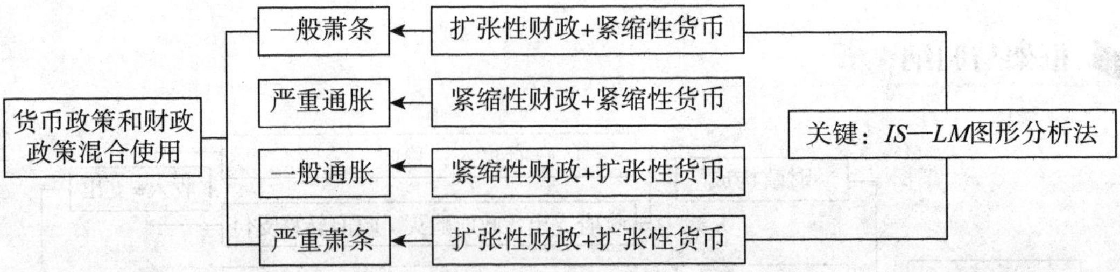

经济政策问题属于宏观经济学核心内容之一，毕竟无论是赞成政府干预经济抑或是反对政府干预经济，都涉及对经济政策及其效果的分析。经典的政策分析，主要是关于财政政策和货币政策及其效果的分析，分析方法既要强调图形分析，也要高度重视模型推导，且需要非常熟悉应用 $IS-LM$ 框架和 $AD-AS$ 框架，甚至是对开放条件下的 $IS-LM-BP$ 框架展开分析。这部分内容基本属于必考内容，且往往会出现难度较大题目，涉及题型多样，如计算题、论述题、分析题等。

鉴于我们致力于中国特色社会主义建设，市场机制是资源配置的决定机制，同时又在积极探索国家调控机制如何在不降低市场机制效率的前提下发挥积极作用，甚至实现二者的某种协调。因此，在西方经济学涉及宏观调控干预经济的领域，有很大程度是与经济政策相连。对此内容，一方面要以继承的态度学会利用西方经济学理论模型推导出有效的合乎逻辑的干预性经济政策；另一方面又不能为其限制而形成教条，要努力结合中国经济运行实践和政府在实践中的不断尝试，将各种政策的制定、实施和效果评价置于中国实际的经济运行环境、制度与文化背景之下。

就考试题型而言，主要是三个层次：一是将财政政策和货币政策置于以简单数字重现的收入决定模型中；二是将收入决定模型中的基础行为方程等加以改造，重新建立新模型，在此基础上开展财政政策和货币政策分析；三是结合实际经济现象，要求理论与实践相结合进行理论分析。三个层次的难度逐渐加大，掌握的关键在于对模型的深刻理解，一方面是模型的经济含义；另一方面是模型的数理推导及建模经济原理。

课后习题解析

1. 什么是财政政策和货币政策？为什么财政政策和货币政策可以用来调节经济？

【思路点拨】本题实际上考查凯恩斯主义主张政府干预的理论依据，也就是作为政府干预工具的财政政策和货币政策如何实现对经济的影响。或者说，二者通过什么方式影响到总需求的变化，从而对产出施加影响。

【参考答案】

(1) 财政政策是政府变动税收和支出以便影响总需求进而影响就业和国民收入的政策。货币政策是中央银行通过控制货币供应量以及通过货币供应量来调节利率进而影响投资和整个经济以达到一定经济目标的行为。

(2) 无论是财政政策还是货币政策都是需求管理政策，都是从需求端来影响经济运行。国家财政由政府收入和政府支出两个方面构成，其中政府支出包括政府购买和政府转移支付，而政府收入则包含税收和公债两个部分。政府购买是一种实质性支出，能够直接影响总需求，政府购买增加，社会总需求增加，政府购买支出对整个社会的总需求有着十分重要的调节作用，所以变动政府购买是政府十分重要的财政政策。政府转移支付是一种货币性支出，并没有产生新的生产，是间接影响社会总需求的，政府转移支付是政府支出的重要组成部分，所以，政府转移支付也是一项重要的财政政策。税收是政府收入中最重要的组成部分，通过变动税收，来调节可支配收入，进一步影响社会总需求。税收作为一种财政工具，既可以通过改变税率来实现，也可以通过变动税收总量来实现。

(3) 货币政策工具主要包括再贴现率政策、公开市场业务、变动法定准备率。

①再贴现率政策是中央银行对商业银行以及其他金融机构的贷款或者说放款利率。贴现率提高，商业银行向中央银行借款就会减少，准备金减少，从而货币供给量就会减少；贴现率降低，商业银行向中央银行借款就会增加，准备金增加，从而货币供给量就会增加。但是，因为贴现窗口主要用于满足商业银行以及其他金融机构的临时性准备金不足作出调整，所以再贴现率政策作用大大减弱，更多的是作为一种补充性货币政策使用。

②公开市场业务是目前最常用也是最重要的货币政策工具。中央银行在金融市场上公开买卖政府债券以控制货币供给和利率，当中央银行购买债券时，对债券市场需求增加，债券价格上升，意味着利率下降；反之亦然。公开市场业务比其他政策更具灵活性。

③变动法定准备率是调节货币供给量最简单的方式，但是因为具有时滞性而且作用十分猛烈，所以中央银行一般几年才变动一次准备率。

2. 什么是自动稳定器？是否税率越高，税收作为自动稳定器的作用越大？

【思路点拨】本题考查财政政策方面的具体细节问题，实际上，自动稳定器的效果极其有限，并不能作为稳定经济的有效手段。因此，对这类问题，理解即可，重点是如何用已学理论解释其中的机制。

【参考答案】

自动稳定器，也称内在稳定器，是指经济系统本身存在的一种会减少各种干扰对国民收入冲击的机制，能够在经济繁荣时期自动抑制通货膨胀，在经济衰退时自动减轻萧条，无须政府采取任何行动。自动稳定器包括政府所得税制度、政府转移支付制度、农产品价格维持制度等。

就所得税而言，其机制在于在混合经济中，投资变动所引起的国民收入变动比纯粹私人经济中的变动要小，原因是当总需求由于计划投资增加而增加时，会导致国民收入和可支配收入的增加，但可支配收入增加小于国民收入的增加，因为在国民收入增加时，税收也在增加。反映在支出乘数$\frac{1}{1-\beta(1-t)}$上，可知如果税率t越大，则支出乘数越小，意味着税率变大时稳定经济的作用也会增强。因此，混合经济中消费支出增加额要比纯粹私人经济中的小，从而通过乘数作用使国民收入累积增加也小一些。同理，总需求下降时，混合经济中收入下降也比纯粹私人部门经济中要小一些。

3. 什么是斟酌使用的财政政策和货币政策？

【思路点拨】这是凯恩斯主义的观点，以财政政策和货币政策为工具，针对经济波动而斟酌搭配使用，希冀熨平经济波动。当然，事实表明，这一政策存在一定的问题，因而争论仍在继续。但理解其传导机制是重点。

【参考答案】

凯恩斯主义者一般认为，政府应该干预经济运行，以弥补经济自身的不足，从而实现经济平稳快速发展。为此，政府必须准确判断经济运行态势，认清经济周期的确切阶段等，从而制定诸如反经济周期等财政政策和货币政策，即所谓斟酌使用的财政政策和货币政策，其目标是“逆经济风向行事”。如当处于经济衰落和萧条时期，可以采用的政策有：降税收和增支出等扩张性财政政策、降低利率和增加货币供应量等扩张性货币政策。相反，当处于经济(过热)高涨期时，可以采用的政策有：增税收和减支出等紧缩性财政政策、提高利率和减少货币供应量等紧缩性货币政策。但是，需要说明的是，这种方式受到很大的争议，被批评很难达到预期效果，甚至导致更大的经济波动。其原因有很多，比较典型的如时滞性对货币政策的影响，使货币政策成为“刻舟求剑”式的经济政策，引发更大波动。再比如，预期因素对财政政策的影响，也会由于经济主体的预期性反应而抵消政策效果。

4. 平衡预算的财政思想和功能财政思想有何区别?

【思路点拨】平衡预算的财政思想，主要着眼于一个经济周期中的收支平衡，时间上强调的是一个经济周期。功能财政思想则不再纯粹着眼于简单的平衡与否，而是强调以此作为反经济周期的政策工具，干预经济实现经济增长的目标。

【参考答案】

(1) 平衡预算的财政思想主要分年度平衡预算、周期平衡预算和充分就业平衡预算三种。

①年度平衡预算要求每个财政年度的收支平衡。这是在20世纪30年代大危机以前普遍采用的政策原则。

②周期平衡预算是指政府收支在一个经济周期中保持平衡。在经济衰退时实行扩张性财政政策，有意安排预算赤字，在繁荣时期实行紧缩性财政政策，有意安排预算盈余，用繁荣时的盈余弥补衰退时的赤字，使整个经济周期的盈余和赤字相抵而实现预算平衡。这种思想在理论上似乎非常完美，但实行起来非常困难。这是因为在一个预算周期内，很难准确估计繁荣与衰退的时间与程度，两者更不会完全相等，因此连预算都难以事先确定，从而周期预算平衡也就难以实现。

③充分就业平衡预算是指政府应当使支出保持在充分就业条件下所能达到的净税收水平。

(2) 功能财政思想强调，政府在财政方面的积极政策主要是为实现无通货膨胀的充分就业水平。当实现这一目标时，预算可以是盈余，也可以是赤字。功能财政思想是凯恩斯主义者的财政思想。他们认为不能机械地用财政预算收支平衡的观点来对待预算赤字和预算盈余，而应根据反经济周期的需要来利用预算赤字和预算盈余。当国民收入低于充分就业的收入水平时，政府有义务实行扩张性财政政策，增加支出或减少税收，以实现充分就业。如果起初存在财政盈余，政府有责任减少盈余甚至不惜出现赤字，坚定地实行扩张性财政政策；反之亦然。总之，功能财政思想认为，政府为了实现充分就业和消除通货膨胀，需要赤字就赤字，需要盈余就盈余，而不应为了实现财政收支平衡来妨碍政府财政政策的正确制定和实行。

显然，平衡预算的财政思想强调的是财政收支平衡，并以此作为预算目标或者说政策的目的，而功能财政思想强调的是财政预算的平衡、盈余或赤字都只是手段，目标是追求无通货膨胀时的充分就业和经济的稳定增长。

5. 政府购买和转移支付这两项中哪一项对总需求变动影响更大些？朝什么方向变动？

【思路点拨】 理解财政政策微观层面的运作常识与宏观层面的影响机制是理解模型分析政策效果的前提，对于此类常识性知识点应该熟记于心。

【参考答案】

政府购买和政府转移支付是财政政策中两种常见的方式，但对总需求影响不同，原因在于其与宏观经济变量之间的影响机制完全不同。其中政府转移支付随经济波动更大些，并朝反经济周期方向波动，原因是作为政府在社会福利、贫困救济等方面支出的转移支付，会通过影响居民的可支配收入而影响消费和总需求。一般而言，经济衰退时，失业津贴、贫困救济、农产品价格补贴等支出会自动增加，经济繁荣时，这些支出会自动减少。而作为政府购买——商品和劳务的政府购买，其往往与政府承担的政治、经济、文化、国防等方面的职责有关，是总需求的组成部分。一般而言，政府购买变动较少，因为诸如国防费、教育经费以及政府行政性开支等政府购买支出有一定刚性，不会随经济周期波动有很大变化。

6. 政府发行的公债卖给中央银行和卖给商业银行或其他私人机构对货币供给量变动会产生什么样不同的影响？

【思路点拨】 这个属于货币供给理论问题，考查政府货币筹资和债务筹资的不同结果，在宏观经济学和金融学中都是一个重要的理论和现实问题。事实上，信用货币在一千年前的北宋就已经出现，西欧也在十七八世纪开始尝试发行，但直到现代都没有真正解决政府债务货币化对信用货币币值的严重侵蚀的问题。因此，这个老问题具有不断出现的新价值。当然，深入探究已经明显超出考研要求，但简单理解还是有必要的，尤其是在当M2供给屡创新高和量化宽松政策出台的背景下。

【参考答案】

政府发行的公债，实际上就是政府通过发行债券来筹资的行为。谁购买债券，相对于谁在为政府融资。由中央银行购买，因为它并没有足够的资本去完成购买，所以实际上就是让中央银行以增加货币发行的方式来实施购买债券。中央银行发行的是基础货币，会导致货币供给量按照货币乘数增加，从而债务转化为货币。因此，这也称为政府的货币筹资，其结果往往是通货膨胀。由商业银行或其他私人机构购买，因为这类经济主体只能以自有资本完成购买，相当于是购买力向政府部门转移，因此不会增加基础货币，也不会直接引起通货膨胀。所以，这是政府的债务筹资。

7. 什么是货币创造乘数？其大小主要和哪些变量有关？

【思路点拨】 货币创造乘数有明确的定义公式，也是相关计算的依据，当然也就是答题依据。答题的关键在于理解货币派生机制中不同经济主体的现金漏损量的影响。

【参考答案】

（1）中央银行新增一笔原始货币供给，如果是活期存款，将使活期存款总和扩大为这笔新增原始货币供给量的$\frac{1}{r_d}$倍。$\frac{1}{r_d}$称为货币创造乘数，其中r_d为法定准备率。但是需要满足一些条件，货币创造乘数才能成立。第一，商业银行没有超额储备；第二，银行客户将一切货币收入存入银行，支付完全以支票形式进行；当存款扩张的基础是商业银行的准备金总额，加上非银行部门持有的通货，可称为基础货币或货币基础，以此为基础的货币乘数就是$\frac{M}{H}=\frac{C_u+D}{C_u+R_d+R_e}=\frac{r_c+1}{r_c+r_d+r_e}$，其中$H$、$C_u$、$R_d$、$R_e$分别代表基础货币、非银行部门持有的通货、法定准备金和超额准备金，用M和D代表货币供给量和活期存款。

(2) 可见，影响货币创造乘数大小的变量有法定准备率、中央银行贴现率、市场借款利率和现金—存款比率。

8. *IS*曲线和*LM*曲线的斜率对财政政策效果有何影响？

【思路点拨】两条曲线掌握要点主要是三个方面：推导、斜率和截距（移动）。本题考查斜率问题，建议起码掌握图形分析方法，再高层次是掌握其代数推导及每一步的经济含义。

【参考答案】

根据西方经济学，财政政策主要包括税收、政府购买支出、政府转移支付等，其实质是政府通过自身收入与支出的变化对经济施加影响，政策效果与政府收支变化大小有关。政府收支变化，反映在*IS*—*LM*模型上就是*IS*曲线的移动。因此，若以*IS*—*LM*模型分析，比较静态分析其影响大小，*IS*曲线和*LM*曲线的斜率将发挥作用：

(1) *IS*曲线的斜率对财政政策效果的影响

如图17-1所示，固定*LM*曲线。在(a)图中，当*IS*斜率绝对值较小，即*IS*曲线较平坦时，移动*IS*曲线时的收入效应较小，利率效应较大，即财政政策效果较小；在(b)图中，当*IS*曲线斜率的绝对值较大，即*IS*曲线较陡峭时，移动*IS*曲线时的收入效应较大，利率效应较小，即财政政策效果较大。

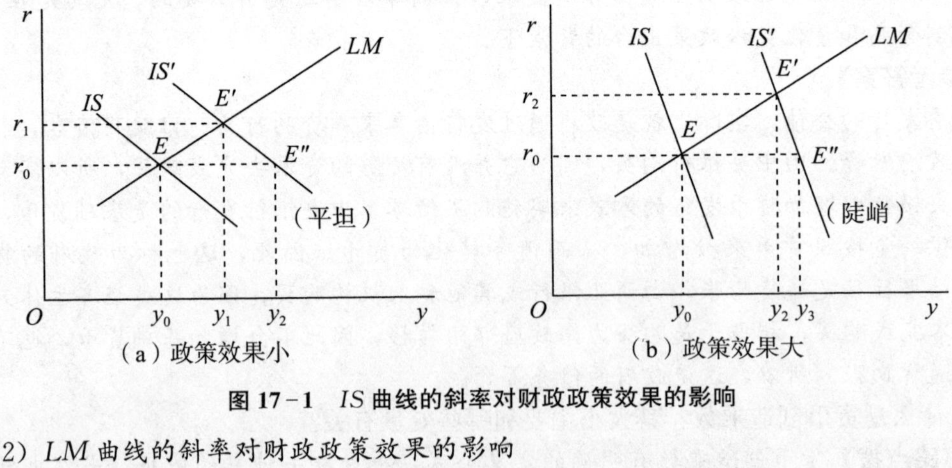

图17-1　*IS*曲线的斜率对财政政策效果的影响

(2) *LM*曲线的斜率对财政政策效果的影响

如图17-2所示，固定*IS*曲线。当*LM*曲线斜率较大，即*LM*曲线较陡峭时，移动*IS*曲线时的收入效应较小，利率效应较大，即财政政策效果较小；当*LM*曲线斜率较小，即*LM*曲线较平坦时，移动*IS*曲线时的收入效应较大，利率效应较小，即财政政策效果较大。

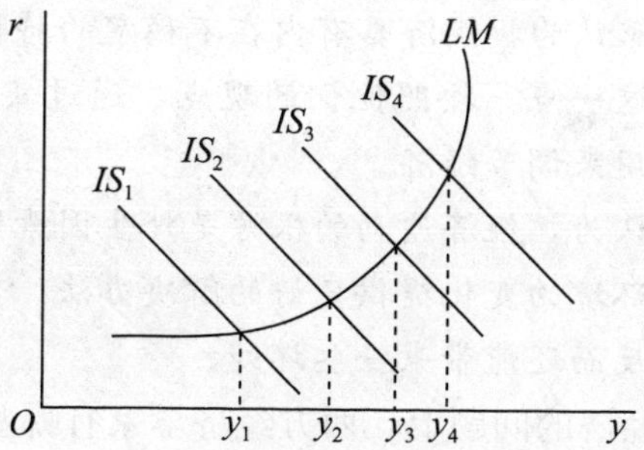

图 17－2　*LM* 曲线的斜率对财政政策效果的影响

9. *IS* 曲线和 *LM* 曲线的斜率对货币政策效果有何影响？

【思路点拨】 同上题。

【参考答案】

货币政策效果指货币供给变化对总需求的影响程度，其效果取决于 *IS* 曲线和 *LM* 曲线的斜率。

(1) *IS* 曲线的斜率对货币政策效果的影响

如图 17－3(a)所示，在 *LM* 曲线形状基本不变时。*IS* 曲线越平坦，*LM* 曲线移动（由于实行变动货币供给量的货币政策）对国民收入变动的影响就越大；反之，*IS* 曲线越陡峭，*LM* 曲线移动对国民收入变动的影响就越小。

(2) *LM* 曲线的斜率对货币政策效果的影响

如图 17－3(b)所示，当 *IS* 曲线的斜率不变时，*LM* 曲线越平坦，货币政策效果越小；反之，则货币政策效果越大。

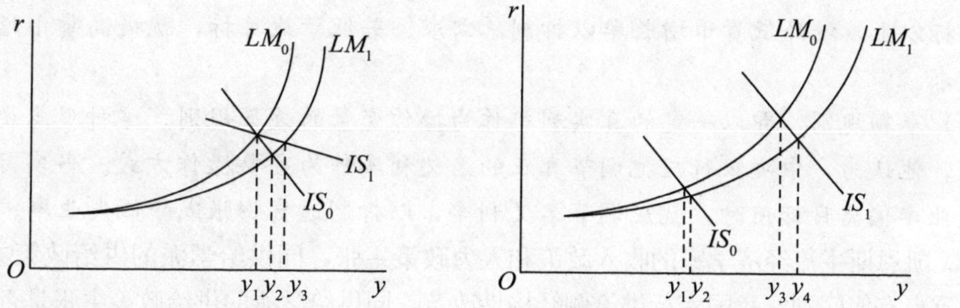

(a) IS曲线的斜率对货币政策效果的影响　(b) LM曲线的斜率对货币政策效果的影响

图 17－3

10. 在要不要政府干预经济的问题上，西方经济学家有哪两种不同意见？

【思路点拨】 这个问题是自凯恩斯主义诞生以来无数经济学家们争论，至今尚无统一认识的西方经济学终极问题之一。作为考生，只要理解两方观点的支撑理论依据的要点及其理论解释力，并能完整阐述即可。

【参考答案】

西方经济学在看待政府与市场关系、干预与自由放任问题上存在两种不同意见：凯恩斯主义经济学家主张采用干预政策来熨平经济波动，但自由主义经济学家反对干预经济，主张经济自由。

（1）凯恩斯主义经济学家认为，经济具有内在不稳定的特性，因此需要政府来稳定经济，并且认为政府能够做到这一点。按照他们的观点，通过实施财政政策或者货币政策，能够影响总需求，从而可以用来调节经济。

（2）自由主义经济学家认为，经济波动的根源是外生因素的干扰，社会经济本身会适应这些干扰，市场会对经济环境的变化提供良好的解决办法。他们认为，政府干预政策不但在很大程度上是无效的，反而还能带来一些坏处。

11. 在按什么规则调节经济的问题上，西方经济学家有哪些不同意见？

【思路点拨】货币政策的相关问题是历年常考知识点。就本题而言，并没有涉及相关模型，只要将不同货币政策规则的基本思想以文字形式描述即可。这类题目的掌握，要求以若干核心概念作为骨架，以自己的语言描述相关理论的基本思想即可。

【参考答案】

运用货币政策调节经济是西方主流经济观点之一，但是调节规则却存在不同的观点。

（1）“单一规则”。由现代货币主义代表人物弗里德曼提出，即在没有通货膨胀的情况下，按平均国民收入增长率加上人口增长率来确定一个长期稳定不变的货币供应增长率，并认为这是货币政策最好的选择，此外就不需再作其他政策调节。

（2）通货膨胀目标制。即以一定的名义通货膨胀率为目标变量的货币政策规则，据此规则，中央银行应当公开宣布一个较低的通货膨胀率作为目标，再根据实际通货膨胀率与此目标通货膨胀率的偏离程度调整货币供给。具体而言，就是当实际通货膨胀率低于目标通货膨胀率时，增加货币增长率以刺激总需求，反之，则降低货币增长率以抑制总需求。

（3）以名义 GDP 为目标变量的政策规则。这与通货膨胀目标制类似，只是盯住的目标不同。据此规则，中央银行需要确定一个名义 GDP 的年增长率目标。当名义 GDP 上升到此目标以上，就降低货币增长率以抑制总需求。若低于此目标，就提高货币增长率以刺激总需求。

（4）泰勒规则。即以一定的真实利率作为操作变量的政策规则。这种观点由泰勒提出并命名，他认为，中央银行应把调节真正的名义利率作为主要操作方式。当实际通货膨胀率和失业率偏离目标值时，就应调节名义利率，以抑制通货膨胀或降低失业率。

12. 凯恩斯主流经济学家的收入政策和人力政策主张，同供给学派的供给政策主张的出发点和侧重点有何区别？我国实行供给侧结构性改革，同供给学派的供给政策主张是否相同？

【思路点拨】西方经济学流派课程，以解释各流派的理论特色及理论演进中各流派之间的区别与联系为主要目标，可以极大地提高对西方经济理论的认识层次。建议花一定的时间专门学习，将会有很高的分数边际产出。

【参考答案】

（1）凯恩斯主义强调财政政策和货币政策，收入政策和人力政策只是财政政策与货币政策的补充。供给学派的供给政策主张更多地体现在收入政策和人力政策上，强调其对总供给的影响，其核心是侧重于收入政策和人力政策的激励作用，认为激励意味着对工作、储蓄、投资和企业家产生足够的报酬等。

供给学派认为不是需求决定供给，而是供给能够创造需求，为此需要采取相应的收入政策和人力政策从而刺激经济。

(2) 西方的供给学派，有两个主要理论：萨伊的"供给可以创造需求"原理、拉弗的"拉弗曲线"，即超过一个临界点后税率越高，最后税收越少，当税率达到100%时，税收等于零。供给学派的基本主张是通过减税让利降低企业成本，从而使企业更容易产生和发展，通过技术创新，增加产品供给。在20世纪70—80年代，美英经济相继陷入滞胀，"里根经济学"和"撒切尔主义"曾经短暂的依据供给学派理论制定经济政策。但是，供给学派的供给政策主张与中国实行的供给侧结构性改革是不同的，具体而言：

①供给学派本质上是经济自由主义，单纯崇尚市场功能；我国的供给侧结构性改革，注重发挥市场对资源配置的决定性作用，同时也强调更好地发挥政府作用，"看得见的手"和"看不见的手"协同发力，相互补充。

②供给学派的制度化供给是基于私有化的制度；我国社会主义市场经济强调公有制经济和非公有制经济共同发展。

③供给学派指出有效供给产生以后，就不需要需求端了；我国的供给侧结构性改革，并不排斥需求侧，而是在适度扩大总需求的同时，以供给侧结构性改革发力为主。

总之，在社会主义基本经济制度框架下，供给侧结构性改革是中国特色社会主义政治经济学的重大创新，其特色在于既强调供给又关注需求，既突出发展社会生产力又注重完善生产关系，既发挥市场在资源配置中的决定性作用又更好发挥政府作用。

13. 假定政府没有实行财政政策，国民收入水平的提高可能导致（　　）。

A. 政府支出增加　　B. 政府税收增加

C. 政府税收减少　　D. 政府财政赤字增加

【参考答案】B

14. 扩张性财政政策对经济的影响是（　　）。

A. 缓和了经济萧条但增加了政府债务

B. 缓和了萧条也减轻了政府债务

C. 加剧了通货膨胀但减轻了政府债务

D. 缓和了通货膨胀但增加了政府债务

【参考答案】A

15. "挤出效应"发生于（　　）。

A. 货币供给减少使利率提高，挤出了对利率敏感的私人部门支出

B. 私人部门增税，减少了私人部门的可支配收入和支出

C. 政府支出增加，提高了利率，挤出了对利率敏感的私人部门支出

D. 政府支出减少，引起消费支出下降

【参考答案】C

16. 市场利率提高，银行的准备金会（　　）。

A. 增加　　B. 减少

C. 不变　　D. 以上几种情况都有可能

【参考答案】B

17. 中央银行降低再贴现率，会使银行准备金（　　）。

A. 增加　　B. 减少

C. 不变　　　　　　　　　　　　　　D. 以上几种情况都有可能

【参考答案】 A

18. 中央银行在公开市场卖出政府债券是试图（　　）。

A. 收集一笔资金帮助政府弥补财政赤字

B. 减少商业银行在中央银行的存款

C. 减少流通中的基础货币以紧缩货币供给

D. 通过买卖债券获取差价利益

【参考答案】 C

19. 假定现金存款比率 $r_c=\frac{C_u}{D}=0.38$，准备率(包括法定的和超额的)$r=0.18$，试问货币创造乘数为多少？若增加基础货币 100 亿美元，货币供给变动多少？

【思路点拨】 对于此类有定义公式的基本概念，考点往往就是对这些公式的具体应用。考生要尤其注意这一特征。

【参考答案】

货币创造乘数为：$k=\frac{1+r_c}{r_c+r}=\frac{1+0.38}{0.38+0.18}\approx2.4643$。

若增加基础货币 100 亿美元，则货币供给增加 $\Delta M=100\times2.4643=246.43$(亿美元)。

20. 假定法定准备率是 0.12，没有超额准备金，对现金的需求是 1 000 亿美元。

(1) 假定总准备金是 400 亿美元，货币供给是多少？

(2) 若中央银行把准备率提高到 0.2，货币供给变动多少？(假定总准备金仍是 400 亿美元)

(3) 中央银行买进 10 亿美元政府债券(存款准备率仍是 0.12)，货币供给变动多少？

【思路点拨】 依据定义公式直接套用计算。

【参考答案】

(1) 在本题中，没有考虑现金存款比率问题，因此，货币创造乘数是准备率的倒数。于是，货币供给 $M=1\,000+\frac{400}{0.12}\approx4\,333.33$(亿美元)。

(2) 若法定准备率提高到 0.2，则存款变为 $\frac{400}{0.2}=2\,000$(亿美元)，现金仍是 1 000 亿美元，因此货币供给为 $1\,000+2\,000=3\,000$(亿美元)，因此 $\Delta M=M'-M=-1\,333.33$(亿美元)，货币供给减少了 1 333.33 亿美元。

(3) 中央银行买进 10 亿美元政府债券，即基础货币增加 10 亿美元，则货币供给增加

$$\Delta M=10\times\frac{1}{0.12}=83.33\text{(亿美元)}$$

能力提升

1. 试论述宏观经济政策无效的因素。

【参考答案】

(1) 宏观经济政策无效的原因往往是政策存在时滞效应和人们存在理性预期。

(2) 政策的时滞效应是宏观经济政策无效的主要原因。政策的时滞效应往往体现在宏观经济政策的制定、执行和政策产生影响的每一个阶段。时滞效应分为内部时滞与外部时滞。内部时滞是指经济冲击的发生到相关经济政策实施所需要花费的时间，内部时滞分为认识时滞、决策时滞和行动时滞；外部时滞是指相关政策的实施到政策行为对经济产生影响所需要花费的时间。因为时滞的不可避免性，所以经济政策几乎不可能按照理想状态实施。并且，因为时滞的存在，政府为了稳定经济所做的努力有时反而会加剧经济的不稳定现象。

(3) 人们的理性预期也是宏观经济政策无效的一个原因。政府实施宏观经济政策时，人们不是一个固定的接受者，人们会针对政府政策的变动做出相应的预期并根据预期做出调整。这样使得政府实施宏观经济政策达不到一个理想的效果。

2. 试阐述与对比宏观经济政策中的单一规则与相机抉择。

【参考答案】

(1) 单一规则是指政府事先向公众发布了各种情况下政策实行的信息后，从一而终地遵守、兑现各种承诺的政策实施行为，表现了政府的公信力；相机抉择是指政府不接受任何单一规则的制约，会根据实际情况机动地决定和选择实行的政策，使得宏观经济政策具有非常大的灵活性。

(2) 在单一规则的宏观经济政策中，不管经济形势如何变化，政策应当采取某种既定的单一规则；在相机抉择的宏观经济政策中，政府会根据当前的经济状态，灵活改变政策，使经济波动趋于平稳。

3. 以 AD—AS 模型为依据，简述在理性预期的假设前提下，传统凯恩斯主义宏观经济政策为何失效。

【参考答案】

(1) 如图 17-4 所示的 AD—AS 模型中，经济初始点在点 A 处运行，该点是初始的总需求曲线 AD_0 与短期总供给曲线 SAS_0 及长期总供给曲线 LAS 的交点，经济处于充分就业水平。

(2) 在传统凯恩斯主义中，如果政府为了刺激经济，宣布即将实行扩张性货币政策。政府将货币的供给量由 M_0 增加到 M_1，使得总需求由图 17-4 中的 AD_0 右移至 AD_1。理想情况即工人与企业对此没有任何反应的情况下，短期总供给曲线保持不变，即 SAS_0。此时扩张性货币政策的实施使得总产出由 y^* 增加至 y_1。

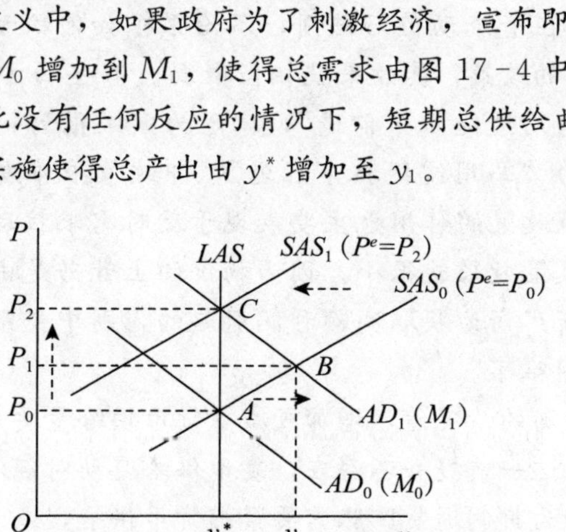

图 17-4

（3）在理性预期中，如果政府为了刺激经济，宣布即将实行扩张性货币政策。理性的人们在形成自己的预期时，会考虑加进自己的预期，即工人和企业预期价格水平会上升，会使得短期总供给曲线 SAS_0 向左移动，直达 SAS_1。经济均衡点从 A 点移动至 C 点。货币供给的增加没有使得产出的增加，只造成了通货膨胀。

4. 试论述货币政策的主要内容及局限性。

【参考答案】

（1）货币政策主要内容。

货币政策是指中央银行通过控制货币供应量来调节利率进而影响投资和整个经济以达到一定经济目标的行为。例如，在经济萧条时增加货币供给量，降低利率，刺激私人投资，进而刺激消费，使生产和就业增加。反之，在经济过热、通货膨胀率太高时，减少货币供给量可以提高利率，抑制投资和消费，使生产和就业减少或减慢。

货币政策分为扩张性货币政策和紧缩性货币政策。扩张性货币政策是通过提高货币供应增长速度来刺激总需求，在这种政策下，取得信贷更为容易，利率会降低。因此，当总需求与经济的生产能力相比很低时，使用扩张性货币政策最合适。紧缩性货币政策是通过削减货币供应的增长率来降低总需求水平，在这种政策下，取得信贷较为困难，利率也随之提高。因此，在通货膨胀较严重时，采用紧缩性货币政策较合适。

货币政策的工具有公开市场业务、再贴现率政策、变动法定准备率以及道义劝告等措施。这些货币政策的工具作用的直接目标是通过控制商业银行的存款准备金，影响利率与国民收入，从而最终实现国民经济的稳定。

（2）货币政策的局限性。

西方国家实行货币政策，常常是为了稳定经济，减少经济波动，但在实践中也存在一些局限性。

第一，在通货膨胀时期，实行紧缩性货币政策可能效果比较显著，但在经济衰退时期，实行扩张性货币政策效果就不明显。到那时，厂商对经济前景普遍悲观，即使中央银行松动银根，降低利率，投资者也不肯增加贷款从事投资活动，银行为安全起见，也不肯轻易贷款。特别是由于存在着流动偏好陷阱，不论银根如何松动，利率都不会降低。这样，货币政策作为反衰退的政策，其效果就相当微弱。有些西方学者把货币政策制止通货膨胀的效果比喻为“马用缰绳拉车前进”，意思为效果很好；然而，他们却把货币政策促进繁荣的效果比喻为“马用缰绳拉车后退”，即政策很难发挥作用。进一步说，即使从反通货膨胀看，货币政策的作用也主要表现于反对需求拉动的通货膨胀，而对成本推进的通货膨胀，货币政策效果就很小。因为物价的上升若是由工资上涨超过劳动生产率上升幅度引起或由垄断厂商为获取高额利润引起的，则中央银行想通过控制货币供给来抑制通货膨胀就比较困难了。

第二，从货币市场均衡的情况看，增加或减少货币供给量要影响利率，必须以货币流通速度不变为前提。如果这一前提并不存在，货币供给变动对经济的影响就要打折扣。在经济繁荣时期，中央银行为抑制通货膨胀需要紧缩货币供给，或者说放慢货币供给的增长率，然而，那时公众一般会增加支出，而且物价上升快时，公众不愿把货币持在手上，而希望尽快花出去，从而货币流通速度会加快。在一定时期内本来的 1 美元也许可完成 2 美元交易的任务，这无异在流通领域增加了1倍货币供给量。这时候，即使中央银行把货币供给减少1倍，也无法使通货膨胀率降下来。反过来说，当经济衰退时，货币流通速度下降，这时中央银行增加货币供给对经济的影响也就可能被货币流通速度下降所抵消。货币流通速度加快，意味着货币需求增加；流通速度放慢，意味着货币需求减少，如果货币供给增加量和货币需求增加量相等，*LM* 曲线就不会移动，因而利率和收入也不会变动。

第三，货币政策的外部时滞也影响政策效果。中央银行变动货币供给量，要通过影响利率来影响投资，然后再影响就业和国民收入，因此货币政策作用要经过相当长一段时间才会充分得到发挥。尤其是市场利率变动以后，投资规模并不会很快发生相应变动。利率下降以后，厂商扩大生产规模，需要一个过程；利率上升以后，厂商缩小生产规模，更不是一件容易的事，已经在建的工程难以停建，已经雇用的职工要解雇也不是轻而易举的事。总之，货币政策即使在开始采用时不用花很长时间，但执行后到产生效果却要有一个相当长的过程，在此过程中，经济情况有可能发生与人们之前预料的相反的变化。例如，经济衰退时，中央银行扩大货币供给，但未到这一政策效果完全发挥出来时经济就已转入繁荣，物价已开始较快地上升，则原来的扩张性货币政策不是反衰退，却为加剧通货膨胀起了火上浇油的作用。

第四，在开放经济中，货币政策的效果还要因为资金在国际上流动而受到影响，例如，一国实行紧缩性货币政策时，利率上升，国外资金流入，若汇率浮动，本币会升值，出口会受抑制，进口会受刺激，从而使本国总需求比在封闭经济情况下有更大的下降。若实行固定汇率，中央银行为使本币不升值，势必抛出本币，按固定汇率收购外币，于是货币市场上本国货币供给增加，使原先实行的紧缩性货币政策效果大打折扣。

货币政策在实践中存在的问题远不止这些，但仅从这些方面看，货币政策作为平抑经济波动的手段，作用也是有限的。

5. 假定某国政府当前预算赤字为80亿美元，边际消费倾向为 $\beta=0.8$，边际税率 $t=0.2$，如果政府为降低通货膨胀要减少支出100亿美元，试问支出的这种变化能否最终消灭赤字。

【参考答案】

三部门经济中政府购买支出乘数为

$$K_g=\frac{1}{1-\beta(1-t)}=\frac{1}{1-0.8\times(1-0.2)}=\frac{25}{9}$$

当政府支出减少100亿美元时，会引起总需求减少，进而引起国民收入的减少

$$\Delta Y=K_g\cdot\Delta G=\frac{25}{9}\times(-100)=-\frac{2\ 500}{9}(\text{亿美元})$$

国民收入的减少会导致按比例征收的税收的减少

$$\Delta T=t\Delta Y=0.2\times\left(-\frac{2\ 500}{9}\right)=-\frac{500}{9}(\text{亿美元})$$

此时的预算盈余为：$\Delta BS=\Delta T-\Delta G=-\frac{500}{9}-(-100)=\frac{400}{9}$(亿美元)

原政府预算赤字为80亿美元，现在新增预算盈余只有$\frac{400}{9}$亿美元，显然不足以消灭赤字。

第 18 章

开放经济下的短期经济模型

同步导学

章节	教材内容	掌握形式	重要程度	常见题型
§18.1	汇率和对外贸易	基公	★★	几乎不会直接考查，但开放条件经济分析，必然涉及此类概念的定义和理解
§18.2	蒙代尔—弗莱明模型	基公图数	★★★	虽不是必考，但近年来呈逐年上升趋势，以图形重现模型本身或结合热点现象解释为主
§18.3	蒙代尔—弗莱明模型的应用	公图文	★★★	
§18.4	南—北关系的一种经济分析	图数	★★	应用举例，示范作用，关注方法，内容本身不会考查

框架与归纳

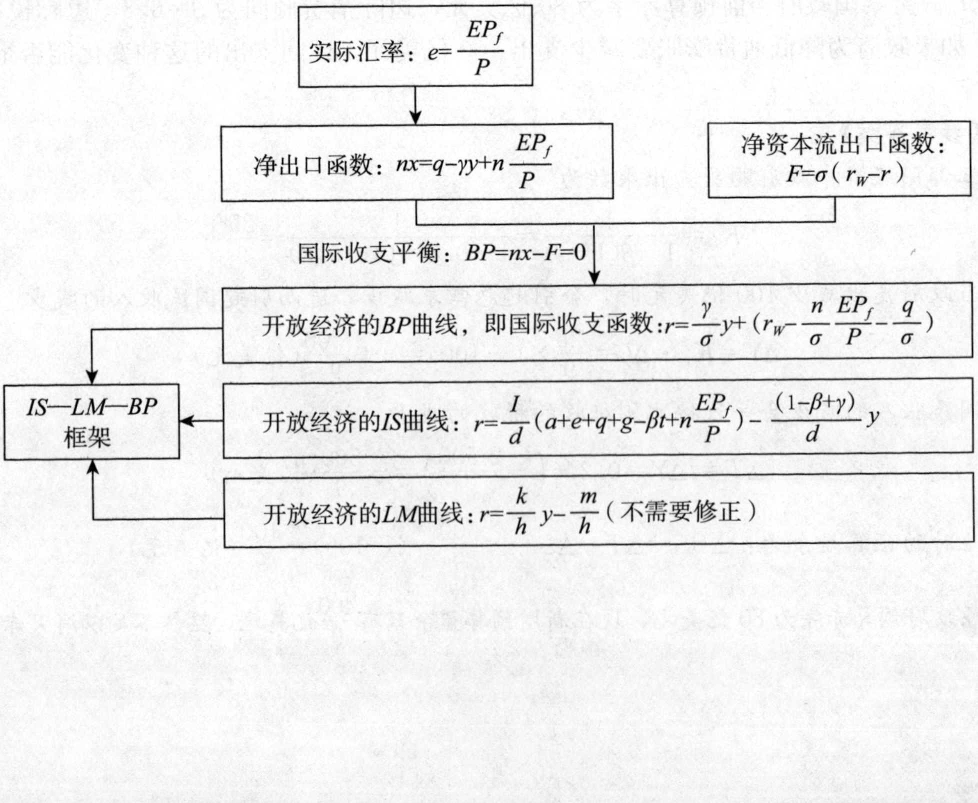

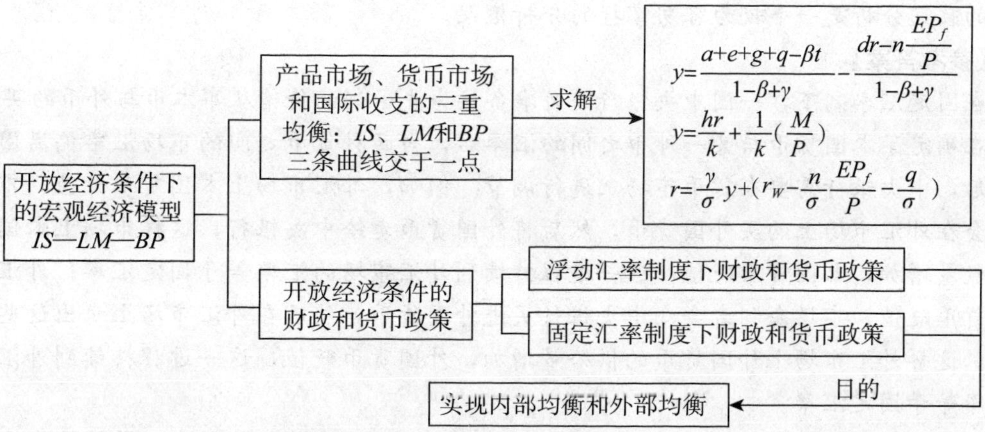

本章主要内容是西方经济学涉及的唯一一个开放经济条件下收入决定模型，鉴于中国经济发展的趋势已是不可逆转，所以这个模型的重要性不言而喻。同时，此模型被称为“工作母机”，可见其解释效力和应用范围。近年来，对本模型的考查日益升温。

本章主要内容是 $IS-LM-BP$ 模型的建立和应用。模型建立方面，以原 $IS-LM$ 为基础，只是增加开放经济条件，在技术处理上，是建立四部门收入决定模型，并引入净出口函数和净资本流出函数从而推导 BP 曲线。模型应用方面，目前本层次教材的讲解并不全面，虽然目的在于降低难度，但由于并没有完完整整地讲清楚模型的应用，实际上导致了理解更为困难。完整掌握涉及的财政政策和货币政策分析，包括固定汇率和浮动汇率两大方面，同时要考虑到资本开放程度的三种情形，共计十六张分析图形。

考试难度上，目前主要是针对理论模型本身的考查，少量的较难题型涉及经济现象分析，但基本尚未涉及模型计算和模型改造。但可以预见对模型的考查也将是一个逐渐加大难度和深度的过程。如同对封闭经济条件下三大收入决定模型的考查。因此，上述内容建议从一开始就完整掌握。

课后习题解析

1. 均衡汇率是如何决定的？影响汇率变化的因素有哪些？

【思路点拨】汇率相关定义对于多数考生来说，距离较远且不易理解，如果时间充足，建议参阅如陈雨露、姜波克等版本的国际金融课程教材。

【参考答案】

汇率是一个国家货币折算成另一个国家货币的比率，它表示的是两个国家货币之间的互换关系。从经济学观点看，货币也是一种商品，汇率既然是两种商品之间的兑换率，当然就是货币市场买卖双方交易的市场价格。这一价格正好使货币市场上对货币的需求和供给达到均衡。影响汇率变化的因素主要有进出口、投资或借贷、外汇投机等。

2. 说明固定汇率制度的运行。

【思路点拨】固定汇率制度是在20世纪70年代后期，主要是发展中国家采用的一种汇率制度，包括我国在内也长期采用固定汇率制度，如今汇率制度也偏向于固定汇率。考研层次中，涉及国际金融或开放条件下的汇率问题，蒙代尔—弗莱明模型中的固定汇率情形下的政策分析是一个较为容易掌握的分析框架。

【参考答案】

在固定汇率制下，一国中央银行随时准备按事先承诺的价格从事本币与外币的买卖。

在确定了本国货币与某一外币之间的汇率后，当两种货币之间的市场汇率偏离固定汇率之后，中央银行需要在货币市场上进行调节。例如，外汇市场上本国货币升值，市场套利者会在外汇市场上购买外国货币，然后将外国货币卖给中央银行，这样市场上本国货币供给数量增加，本国货币贬值，这一过程持续到外汇市场的汇率等于固定汇率；外汇市场本国货币贬值，市场套利者会向中央银行买进外国货币，然后在外汇市场上卖出这些外国货币，这样外汇市场上外国货币的供给量增加，外国货币贬值，这一过程持续到外汇市场的汇率等于固定汇率。

3. 假设一国的出口方程为 $x=A-my$。当 m 变大时，该国经济的 IS 曲线将发生什么变化？当 A 增加时，IS 曲线又发生什么变化？

【思路点拨】 开放经济条件下，因为经常项目和资本项目的开放，会导致 IS 曲线的构成发生改变，表达式有新的形式，因此，这是一个常考知识点。

【参考答案】 根据题意，可建立开放经济条件下的产品市场均衡模型

$$\begin{cases} y=c+i+g+(x-m) & (1)\\ c=\alpha+\beta y & (2)\\ i=e-dr & (3)\\ g=g_0 & (4)\\ x=A-my & (5)\\ m=m_0+\gamma y & (6)\end{cases}$$

将式(2)至式(6)分别代入式(1)，经整理有

$$y=\frac{\alpha+e+g_0+A-m_0}{1-\beta+m-\gamma}-\frac{dr}{1-\beta+m-\gamma} \quad (7)$$

式(7)即为开放经济条件下的 IS 曲线的代数方程，表示均衡产出 y 与利率 r 呈线性关系。据此可知，m 变大时，会使 IS 曲线向左移动，同时使 IS 曲线变得更陡峭。而 A 增加时，会使 IS 曲线向右平行移动。

4. 结合(教材)第十三章的有关内容推导开放经济条件下政府购买乘数的表达式。

【思路点拨】 开放经济条件下，IS 曲线异于封闭经济条件，需要重新推导，但基本方式不变。

【参考答案】 考虑如下的开放经济条件下的宏观经济模型

$$\begin{cases} y=c+i+g+(x-m)\\ c=\alpha+\beta y\\ m=m_0+\gamma y\end{cases}$$

其中 i、g、x、m_0 为常数，β 为边际消费倾向，γ 为边际进口倾向。

则

$$y=\frac{1}{1+\gamma-\beta}(\alpha-m_0+i+g+x)$$

所以开放经济条件下政府购买乘数

$$k_g=\frac{\mathrm{d}y}{\mathrm{d}g}=\frac{1}{1+\gamma-\beta}$$

5. 资本完全流动的含义是什么？在小国和大国模型中，资本完全流动带来的结果有什么不同？中国经济总量已经是世界第二，应该采用大国模型还是小国模型？

【思路点拨】 资本完全流动的概念在蒙代尔—弗莱明模型中具有重大意义，在不同资本流动性下，相关传导机制存在重大区别。深刻理解还需在模型中推导方式掌握。

【参考答案】

(1) 资本完全流动是指一国居民可以完全进入世界金融市场，资本流动不存在任何阻碍。因此，只要国内利率超过国外利率就会吸引资本的大量流入；或者国内利率低于国外利率会引起资本外流。也可以理解为，资本对该国与世界金融市场上利差具有无限大的敏感性，在模型中为 $\sigma\rightarrow\infty$。

在小国模型中，资本完全流动时，货币政策在固定汇率下对经济刺激效果甚微，在浮动汇率下对经济刺激效果显著；财政政策在固定汇率下对经济刺激效果显著，在浮动汇率下对经济刺激效果甚微。

在大国模型中，资本完全流动时，大国对世界经济有极大的影响力。大国给国外的贷款越多，世界经济中贷款的供给就越大，从而全世界的利率就越低。反之，如果大国从国外借款越多，那么全世界的利率就越高。

(2) 适用小国模型。中国经济总量达到较高的水平，其时间并不太长，人均量方面尚未达到成熟工业国水平；在资本市场上，中国长期实行资本管制制度，管制略有放松的时间也并不长。因此，在资本市场上，中国对市场的影响力远低于英美等主要国家，尚无法对市场产生决定性影响，相反，国内市场受到国际市场影响却较大，所以适用小国模型。

6. 在资本完全流动的小国开放经济中，为什么国内的利率水平与国际利率水平总能保持一致？

【思路点拨】 蒙代尔—弗莱明模型是一个小国模型，意味着当资本完全自由流动时，小国的利率将与国际市场利率保持一致，这是该模型的基本特点之一。本题则是从微观层面解释为什么利率会保持一致。顺便说明，这里的大国和小国，不是从地域、人口、经济等角度划分，而是从市场价格的影响地位上划分，小国属于价格的被动接受者，影响能力较小或没有。目前中国属于这里的小国，但可以预期，将愈来愈具有大国特征。

【参考答案】

小型开放经济中的居民绝不会以高于国际利率的水平去借贷，这是因为，在资本完全流动的小型开放经济中，本国居民可以以国际利率水平从国外获得贷款，同样本国居民也不会以高于国际利率的水平放贷，所以国内的利率水平与国际的利率水平总能保持一致。

7. 用蒙代尔—弗莱明模型考查固定汇率下紧缩性货币政策的影响。

【思路点拨】 蒙代尔—弗莱明模型分别分析固定汇率下和浮动汇率下的财政政策和货币政策的影响效果，一共有十六张分析图形，这是最完整的模型分析过程。各主流教材对这一模型的介绍要么不完整，要么体系性不强，导致对该模型的理解与掌握普遍存在较大问题。从考研题型看，对于此模型的考查日益成为趋势，目前主要以结合经济热点，要求应用该模型具体分析的论述题为主。

【参考答案】

假定在固定汇率下运行的一国中央银行试图减少货币供给。根据蒙代尔—弗莱明模型，这种政策的初始影响是使 LM^* 曲线向左移动，提高了汇率，如图 18-1 所示。

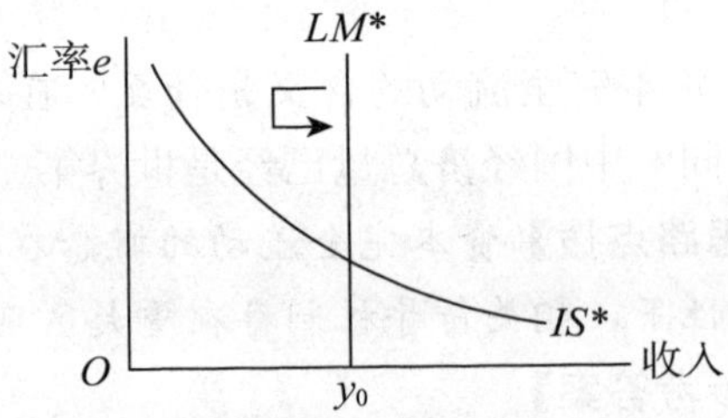

图 18-1 固定汇率下的货币紧缩

但是，由于该国中央银行承诺按固定汇率交易本国与外国的通货。根据固定汇率下的运行机制，套利者对汇率上升做出的反应是向中央银行购买本国通货，这导致本国货币供给增加，进而使 LM^* 曲线向右移动，直到回复到其初始的位置。根据该模型，在固定汇率下的紧缩性货币政策通常不能够影响产出，从而是无效的。

8. 用蒙代尔—弗莱明模型考察浮动汇率下紧缩性财政政策的影响。

【思路点拨】参看上题。

【参考答案】

假定一国政府采用紧缩性的财政政策抑制国内支出，在理论上，这种政策可以使 IS^* 曲线向左移动，如图 18-2 所示。

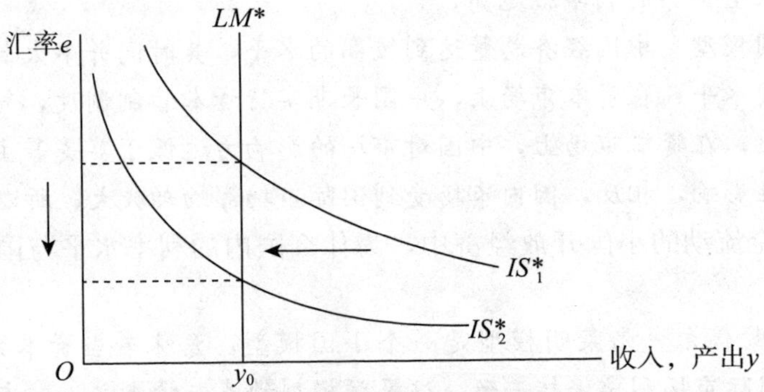

图 18-2 浮动汇率下的财政紧缩

在浮动汇率下，汇率由市场供求力量决定，允许汇率对经济状况的变动做出反应，自由地变动。根据蒙代尔—弗莱明模型，在 IS^* 曲线向左移动后，汇率下降，而收入水平保持不变。这意味着，在蒙代尔—弗莱明模型中，紧缩性财政政策在浮动汇率下对产出或收入不产生影响，因而是无效的。

9. 试从本章式(18.12)和式(18.13)推导出式(18.14)和式(18.15)。

【思路点拨】本题是应用本章关于 BP 的概念，具体分析南—北经济关系的实例，本题的计算方法有效地帮助考生理解两个经济体之间通过 BP 进行模型化分析。教材中数学推导部分省略，本题要求将这一部分补充完整。具体运算并不复杂，只是线性代数初步应用。学习的重点是教材中实例，即模型化方法的应用。

【参考答案】

式(18.12)和式(18.13)如下

$$y_n=\beta_n y_n+a_n+m_s y_s-m_n y_n \tag{1}$$

$$y_s=\beta_s y_s+a_s+m_n y_n-m_s y_s \tag{2}$$

将式(1)变形为

$$(1-\beta_n+m_n)y_n-m_s y_s=a_n \tag{3}$$

将式(2)变形为

$$-m_n y_n+(1-\beta_s+m_s)y_s=a_s \tag{4}$$

记 $k_n=\dfrac{1}{1-\beta_n+m_n}$，$k_s=\dfrac{1}{1-\beta_s+m_s}$，并将式(3)和式(4)联立

$$\begin{cases}\dfrac{1}{k_n}y_n-m_s y_s=a_n\\ -m_n y_n+\dfrac{1}{k_s}y_s=a_s\end{cases}$$

利用克莱姆法则，可求得上述方程组的解为

$$\begin{cases}y_n^*=\dfrac{k_n}{1-k_n k_s m_s m_n}(a_n+m_s k_s a_s)\\ y_s^*=\dfrac{k_s}{1-k_n k_s m_s m_n}(a_s+m_n k_n a_n)\end{cases}$$

上式即为教材中的式(18.14)和式(18.15)。

能力提升

1. 试简述货币局制度。

【参考答案】

货币局制度，是指以立法形式明文规定本国货币与另一国可兑换货币保持固定比率进行无限制兑换，并要求货币当局确保这一兑换义务的实现的汇率制度。货币局制度通常要求货币发行有100%的外国货币作为基础。

2. 试简述三元悖论。

【参考答案】

克鲁格曼基于 M—F 模型将一国开放条件下的货币政策独立性、汇率稳定和资本自由流动三个目标之间的关系归纳为“三元悖论”。克鲁格曼认为，开放的小型经济体不可能同时实现资本自由流动、汇率稳定和货币政策独立性三大目标。三者最多只能选其二。因此，从经济封闭走向开放时，政府必须在各个不同的目标之间重新地权衡和选择。

3. 用 M—F 模型回答下列有关中国江苏省(一个小型开放经济)的问题。如果江苏省受衰退之苦，省政府为了刺激就业应该用货币政策还是财政政策？并给出解释。(假设中国人民银行江苏分行可以发行人民币)

【参考答案】

对于一个小型开放经济而言，尽管它可以发行人民币，但是却不能影响人民币对美元的汇率。所以，此情况实际上等价于一个固定汇率且资本自由流动的小型开放经济。由教材分析已知，在固定汇率下，货币政策无效，因此应从财政政策入手。通过增加政府支出的扩张性财政政策，将会引起利率的上升，进而吸引货币的流入，从而使得 LM 曲线右移

直至利率恢复到初期水平。即在 *IS* 曲线右移的过程中，始终伴随着 *LM* 曲线的右移，以维持利率水平的不变，在扩张性财政政策结束后，货币供给相应地扩张了，同时经济处于长期平衡状态。收入增加，失业率下降。

4. 请解释为什么人民币对内贬值，对外却是升值的。

【参考答案】

从国内看，货币贬值是由货币超发，CPI 上涨引起的。从国际看，人民币对美元的汇率持续升值，是由于贸易顺差等因素导致的。

就人民币对外升值来说，具体有以下几个方面的原因：

第一，受国内经济快速增长与美国经济呈现衰退趋势的落差的影响，这可能是影响汇率变化的根本因素。

第二，受我国国际收支长期不平衡和巨额外汇储备的影响。国际收支状况是决定汇率趋势的主导因素。

第三，受国内利率水平不断提高和加息预期的强化的影响。按照一般的逻辑，利率下降，国内资本流出；利率上升，国外资本流入。

对内贬值，目前国内物价水平上涨还主要是针对食品而言，这其中存在一个结构性的问题。当然，除了结构性问题之外，国内物价水平上升和资产价格上涨所造成的人民币对内贬值也具有客观必然性。这其中既有国际因素影响（包括通货膨胀在各国之间的传播和转移），又有国内经济不均衡的现实原因，如全球流动性过剩、部分农产品主产国减产、石油价格高涨、人民币对外升值、国内货币供应量增加等。

总而言之，人民币对外升值和对内贬值并存是我国经济发展过程中因为内部和外部失衡所导致的一个阶段性表现，二者不是孤立存在的，而是存在一定的互动关系。从促进我国经济持续健康发展的角度来看，当前的首要任务仍然是控制物价上涨速度，避免出现严重的通货膨胀，防止人民币对内贬值和抑制对外升值速度的加快。针对当前物价上涨的特点，政府及相关部门多管齐下，已经采取了一系列“防”“控”措施，例如，提高利率、调整经济结构、调整供给等。我们相信，通过这些举措，物价水平能够逐步得到有效控制，人民币对内贬值也能够得到逐步缓解。

5. 假设在中国外汇市场上，美元对人民币的市场交易汇率为 1∶8，而且，同期在国内购买一篮子商品 X 的成本为 3 000 元，在美国购买相同的一篮子商品 X 的购买成本为 600 美元，根据购买力平价说，美元对人民币的名义汇率偏离其真实汇率多少百分比。

【参考答案】

购买力平价是指商品在任何一处的价格都应该相同，则 $3\,000=600e$，因此 $e=5$，所以偏离率$=\frac{8-5}{5}=0.6=60\%$。

第七部分

长期经济增长决定理论

与短期国民收入决定理论关注视角不同，本部分理论聚焦于长期中经济发展问题，这也是自亚当·斯密以来的传统，同时，这也是研究经济学的终极目标之一。因此，本部分是考研层次经济学体系中最难、最常考部分。一般来讲，包含经济增长理论和经济周期理论，因为古典经济周期理论在近年逐渐不为人们所重视，而“新”经济周期（如实际经济周期理论）又暂时未能完整进入本科阶段教材，结果此部分变成单纯经济增长理论独大。

就复习而言，上述情形的好处是内容相对整齐单一，只需集中于经济增长理论即可，重心在于理论模型的数理推导、关键步骤和基本公式、相关经济含义和图形，并尽可能结合经济热点现象做应用上的拓展。

第 19 章 经济增长

同步导学

章节	教材内容	掌握形式	重要程度	常见题型
§19.1	国民收入长期趋势和波动	㊀基	★	理解即可，不会直接考查
§19.2	经济增长的描述和事实	基公	★	理解，不会直接考查。但相关概念会运用于后续理论模型，尤其是经济增长和发展的概念
§19.3	增长核算	基公	★★★	必考，计算题与论述题均常见。要求深刻理解经济增长的源泉，重点在源泉二字，并不仅仅是核算方程中的变量
§19.4	构建和分析新古典增长模型	基数图	★★★	核心分析框架，必考。最常见于计算题型，但也有不少题目针对表达式的经济含义考查。尤其注意数理推导及每一步的经济含义、相关图形
§19.5	应用新古典增长模型	基公图	★★★	结合图形分析和基本公式，进一步结合热点现象考查是趋势
§19.6	内生增长理论	基公文	★★	理解并简述重要思想
§19.7	促进经济增长的政策	基文	★★	结合热点经济现象，从供给侧角度论述为主

框架与归纳

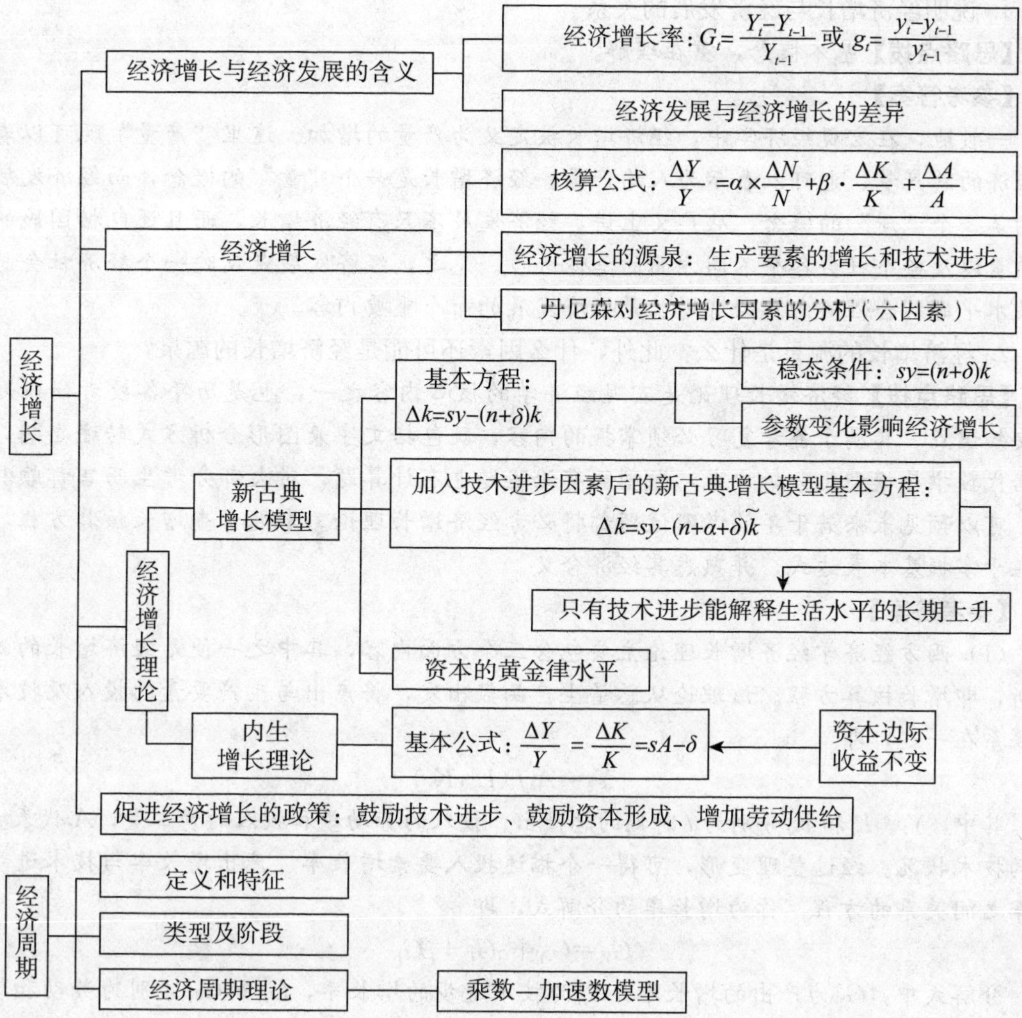

经济增长问题是宏观经济学核心内容之一，也是历年考试重点，除了 NI 决定模型外，经济增长模型是第二个历年各层次院校常考不衰的内容，且有范围扩展、难度加大加深的趋势。

概括讲，本章内容包括三方面，一是经济增长核算方程；二是新古典增长模型，即索洛模型；三是内生增长理论。外加少量的描述性内容，诸如定义和促进增长的政策等。

从考试情况看，这部分内容最常见的考查题型是针对增长核算方程和索洛模型的计算题，解题的关键是熟练掌握基本公式及其推导和应用。但是不应该忽略的是，这部分内容是可以结合经济现象出现开放式论述题的，且难度会较大。这种题目的关键是理解各个表达式的经济含义，并清楚每一步推导背后的经济含义。

课后习题解析

1. 说明经济增长与经济发展的关系。

【思路点拨】基本概念，重在理解。

【参考答案】

一般地，在宏观经济学中，经济增长被定义为产量的增加。这里“产量”既可以表示为经济的总产量，也可以表示为人均产量。经济增长是一个“量”的概念，而经济发展更多的是一个“质”的概念，从广义上讲，经济发展不只有经济增长，而且还包括国民的生活质量以及整个社会各个不同方面的总体进步。总之，经济发展是反映一个经济社会总体发展水平的综合性概念。经济增长是经济发展的一个重要内容。

2. 经济增长的源泉是什么？此外，什么因素还可能是经济增长的源泉？

【思路点拨】经济增长理论是宏观经济学的核心内容之一，也是历年各校考研命题的主要知识点。其属于备考复习必须掌握的内容，既包括文字兼图形分析方式转述思想，也包括代数推导模型化分析方式，题型既有论述题也有计算题，对大部分考生而言都颇具难度，可以预见未来若干年的考研试题都将必考经济增长理论。本题考查增长核算方程，关键在于掌握基本表达式，并熟悉其经济含义。

【参考答案】

(1) 西方经济学经济增长理论主要包含三个方面内容，其中之一便是经济增长的源泉分析，即增长核算方程。该理论从总量生产函数出发，将产出与生产要素的投入及技术状况联系在一起，即

$$Y_t=A_tf(L_t,K_t)$$

其中，Y_t、L_t和K_t分别为t时期的总产出、投入的劳动量和投入的资本量，A_t代表t时期的技术状况。经过整理变形，可得一个描述投入要素增长率、产出增长率与技术进步增长率之间关系的方程，称为增长率的分解式，即

$$G_Y=G_A+\alpha G_L+\beta G_K$$

分解式中，G_Y为产出的增长率，G_A为技术进步的增长率，G_L和G_K分别为劳动和资本的增长率；α和β为参数，它们分别是劳动和资本的产出弹性。从该分解式可知，产出的增加可以由三种力量(或因素)来解释，即劳动、资本和技术进步。换句话说，经济增长的源泉可被归结为劳动和资本的增长以及技术进步。

(2) 增长核算方程揭示了经济增长的三大源泉，但需要注意的是，A实际上内涵丰富，不仅仅是技术含义，它又称为“索洛余量”，其真正含义是经济增长中除了劳动和资本两种要素以外剩余的所有影响经济增长的源泉。A究竟包含哪些因素，其权重各是多少，目前尚无定论。但必然包括制度、文化等因素，以及劳动分工、组织结构等反映劳动力合作的因素，如未包含在劳动要素之中，也应包含在A中。

3. 什么是新古典增长模型的基本公式？它有什么含义？

【思路点拨】新古典增长模型(索洛模型)是西方经济学增长理论三大内容的第二个方面，并且(就考研而言)是最重要的一个方面，其建模假设前提、建模方法和推导、基本公式、参数变动的影响等都是必须掌握的重要内容，属于历年各校必考内容，题型趋势是以

计算题为主。在复习方式上，考生尽量以代数推导带动对经济含义的理解。

【参考答案】

新古典增长模型的基本公式为

$$\dot{k}=sf(k)-(n+\delta)k$$

这一关系式表明，人均资本变化等于人均储蓄减去$(n+\delta)k$项，表达式$(n+\delta)k$可以理解为“必要”或“临界”投资，它是保持人均资本k不变的必要投资。其中δk项投资是用来替换折旧资本，nk项是用来雇佣新工人，总计为$(n+\delta)k$的储蓄或投资被称为资本的广化。当人均储蓄大于临界投资所必需的数量时，k将上升，这时经济社会经历了资本深化。上述新古典增长模型的基本公式可以表述为：资本深化=人均储蓄(投资)−资本广化。

4. 在新古典增长模型中，储蓄率的变动对经济有哪些影响？

【思路点拨】同第3题。本题没有要求画图，但应该掌握相关图形。

【参考答案】

在新古典增长模型中，一方面，储蓄率上升，会导致人均资本上升，而人均收入是人均资本的增函数，因而储蓄率上升会增加人均产量，直到经济达到新的均衡为止。储蓄率下降的结果则相反。另一方面，储蓄率的变动不能影响到稳态的产量的增长率，从这点上说，储蓄率的变动只有水平效应，没有增长效应。

5. 在新古典增长模型中，人口增长对经济有哪些影响？

【思路点拨】同第3题。

【参考答案】

在新古典增长模型中，没有区分人口与劳动力，可以将其近似看作一个指标。因此，人口增长也就是劳动力的增长，对经济增长具有一定的影响。但在模型中，假定人口增长速度是一个不变速率n，因而成为一个外生变量。n变动时，对经济增长的影响，如图19-1所示：假设经济初始稳态均衡于A点，当n增长为n'，相应的$(n+\delta)k$线移动为$(n'+\delta)k$线，新的稳态均衡为A'点。比较静态分析A'点与A点，经济仍处于稳态均衡，但是由于人口增长率的增加，人均资本的稳态水平由原来的k减少为k'，反映到产出水平上，即人均产量的稳态水平下降了。这意味着，人口增长速度n对经济增长的总量和速度都有影响，但人均产量以及人均资本都可以在不同人口增长速度的基础上建立稳态，其意味着A点和A'点都是稳态，人口增加(非人口增长速度n)对人均资本和人均产量的增长率都没有影响，但资本总量和产出总量却随着人口增长而增加。

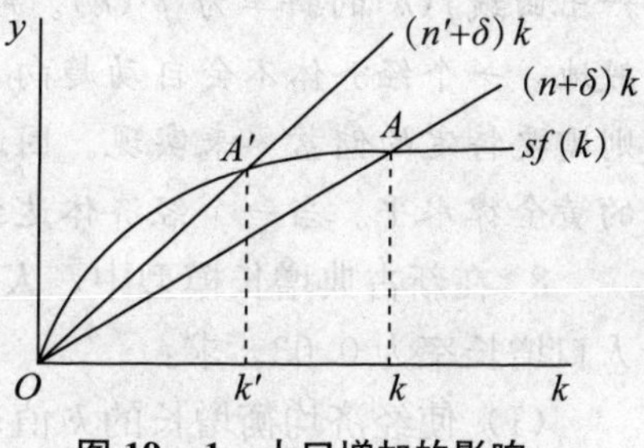

图19-1 人口增加的影响

6. 推导某一时期总产量、人均产量和人口这三者的增长率之间的关系。

【思路点拨】就数学技巧而言，非常简单，但关键在于理解其经济意义。

【参考答案】

总产量、人口、人均产量三者之间的数量关系式为：$y=\dfrac{Y}{N}$，其中y为人均产量，Y为总产量，N 为人口数量。

对公式两边取对数，得

$$\ln y=\ln Y-\ln N$$

求三者之间的增长率，所以公式两边对时间 t 求导，得

$$\frac{\mathrm{d}y/\mathrm{d}t}{y}=\frac{\mathrm{d}Y/\mathrm{d}t}{Y}-\frac{\mathrm{d}N/\mathrm{d}t}{N}$$

即 $$g_y=g_Y-g_N$$

上式中，g_y 为人均产量增长率，g_Y 为总产量增长率，g_N 为人口增长率。表明了人均产量增长率为总产量增长率与人口增长率之差。

7. 简述资本的黄金律水平。

【思路点拨】资本的黄金律水平是近年来初级西方经济学中介绍较为薄弱的环节，原因是多方面的。但实际上，资本的黄金律水平是新古典增长模型中的重要内容，描述了稳态时人均消费达到最大化的资本量。建议考生在备考过程中以文字方式掌握其主要思想即可。

【参考答案】

资本的黄金律水平的基本内容是：若使稳态时人均消费达到最大，稳态人均资本量的选择应该使资本的边际产品等于劳动增长率加上折旧率。根据资本的黄金律水平的基本内容和简单的几何知识可知，在资本的黄金律水平处也就是使得人均产出曲线 $f(k)$的切线 l 应该与直线$(n+\delta)k$平行，也就是两者斜率相等。且直线$(n+\delta)k$ 的斜率为$(n+\delta)$，而人均产出曲线$f(k)$的斜率为 $f'(k)$。所有在资本黄金律水平下，等式 $f'(k_{gold})=n+\delta$ 成立。一般地，一个经济体不会自动趋向于资本的黄金律水平。而如果要实现资本的黄金律水平，则需要特定的储蓄率来实现。因此，与资本的黄金律水平对应的储蓄率水平，称之为储蓄的黄金律水平。当一个经济体达到储蓄率的黄金律水平时，则达到了资本的黄金律水平。

8. 在新古典增长模型中，人均生产函数为 $y=f(k)=2k-0.5k^2$，人均储蓄率为 0.3，人口增长率为 0.03。求：

(1) 使经济均衡增长的 k 值；

(2) 与黄金律相对应的人均资本量。

【思路点拨】索洛模型的相关计算题有很多，本题属于将数字代入模型的再现题型。答题的关键是理解每一个变量的具体经济含义，并将其代入模型中计算。

【参考答案】

(1) 经济均衡增长时：$sf(k)=nk$，其中 s 为人均储蓄率，n 为人口增长率。代入数值得 $0.3(2k-0.5k^2)=0.03k$，解得 $k=3.8$。

(2) 由题意可知 $f'(k)=n$，于是，$2-k=0.03$，$k=1.97$。因此与黄金律相对应的稳态的人均资本量为 1.97。

9. 设一个经济的人均生产函数为 $y=\sqrt{k}$。如果储蓄率为 28%，人口增长率为 1%，技术进步速度为 2%，折旧率为 4%，那么，该经济的稳态产出为多少？如果储蓄率下降到 10%，而人口增长率上升到 4%，这时该经济的稳态产出为多少？

【思路点拨】本题与第 8 题实质上是同一题型，区别仅在于本题使用的生产函数是大

家不太熟悉的形式，同时考虑技术进步和折旧。从方法上讲，这类题目并不是很难，解题方法是一致的，仍然是准确理解模型中每一变量的经济含义，并能将具体数字代入其中进行求解。

【参考答案】

稳态条件为：$sf(k)=(n+\alpha+\delta)k$，其中 s 为储蓄率，n 为人口增长率，α 为技术进步速度，δ 为折旧率。代入数值得 $0.28\sqrt{k}=(0.01+0.02+0.04)k$，得 $k=16$，从而 $y=4$，即稳态产出为 4。如果 $s=0.1$，$n=0.04$，则 $k=1$，$y=1$，即此时稳态产出为 1。

10. 已知资本增长率 $g_k=2\%$，劳动增长率 $g_l=0.8\%$，产出增长率 $g_y=3.1\%$，资本的国民收入份额 $\alpha=0.25$，在这些条件下，技术进步对经济增长的贡献为多少？

【思路点拨】 增长核算方程公式的直接套用，比较简单，却是经典考法。解题的关键是把题干文字描述对应上公式的各个变量及参数。

【参考答案】

根据题意，劳动的国民收入份额为

$$\beta=1-\alpha=0.75$$

根据增长核算方程，资本和劳动对经济增长的贡献为

$$\alpha\cdot g_k+\beta\cdot g_l=0.25\times2\%+0.75\times0.8\%=1.1\%$$

所以技术进步对经济增长的贡献为

$$3.1\%-1.1\%=2\%$$

11. 设一个经济中的总量生产函数为：$Y_t=A_tf(N_t,K_t)$，式中，Y_t、N_t和K_t分别为 t 时期的总产量、劳动投入量和资本投入量，A_t为 t 时期的技术状况。试推导经济增长的分解式，并加以解释。

【思路点拨】 本题要给予重视，直接考查增长核算方程的推导过程，本身数学技巧并不难，但希望借此能够建立一种思想，即数学是工具，是服务于经济理论分析的工具，而不是经济理论本身，更不是经济理论分析的目的！这一点，是共识。建议考生一定要重视定量分析方法及其理论基础——数学方法；但同时也不要为数学“积威”所累、所破，要明白数学之于经济分析，如同汽车之于司机：我们目的是掌握开车方法和技巧，并不一定必须会修车、造车，起码大多数情况是如此。

【参考答案】

对生产函数 $Y_t=A_tf(N_t,K_t)$ 关于时间 t 求导数，有

$$\frac{\mathrm{d}Y_t}{\mathrm{d}t}=f(N_t,K_t)\frac{\mathrm{d}A_t}{\mathrm{d}t}+A_t\frac{\partial f}{\partial N_t}\cdot\frac{\mathrm{d}N_t}{\mathrm{d}t}+A_t\frac{\partial f}{\partial K_t}\cdot\frac{\mathrm{d}K_t}{\mathrm{d}t}\tag{1}$$

式(1)两边同除以 Y_t，化简后，经恒变形，表示为

$$\frac{\mathrm{d}Y_t/\mathrm{d}t}{Y_t}=\frac{\mathrm{d}A_t/\mathrm{d}t}{A_t}+\frac{\partial f/\partial N_t}{f(N_t,K_t)}\cdot\frac{\mathrm{d}N_t}{\mathrm{d}t}+\frac{\partial f/\partial K_t}{f(N_t,K_t)}\cdot\frac{\mathrm{d}K_t}{\mathrm{d}t}\tag{2}$$

定义 $\alpha=\frac{\partial f}{\partial N_t}\times\frac{N_t}{f(N_t,K_t)}$，$\beta=\frac{\partial f}{\partial K_t}\times\frac{K_t}{f(N_t,K_t)}$，并用 g_A 表示 $\frac{\mathrm{d}A_t/\mathrm{d}t}{A_t}$，用 g_N 表示 $\frac{\mathrm{d}N_t/\mathrm{d}t}{N_t}$，用 g_K 表示 $\frac{\mathrm{d}K_t/\mathrm{d}t}{K_t}$，用 g_Y 表示 $\frac{\mathrm{d}Y_t/\mathrm{d}t}{Y_t}$，则式(2)化为

$$g_Y=g_A+\alpha g_N+\beta g_K\tag{3}$$

式(3)即为增长的分解式。其含义为总产量的增长率被表示为劳动增长率、资本增长率和技术进步的加权平均。式(3)也为说明经济增长的源泉提供了框架。

12. 在新古典增长模型中，总量生产函数为

$$Y=F(K,L)=K^{\frac{1}{3}}L^{\frac{2}{3}}$$

(1) 求稳态时的人均资本量和人均产量；

(2) 用这一模型解释“为什么我们如此富裕，而他们那么贫穷”；

(3) 求出与黄金律相对应的储蓄率。

【思路点拨】索洛模型基本题型之一。本题特色在于第二问，是典型的应用索洛模型解释经济现象，这是继计算题型后的又一主流题型。第12～14题都是关于索洛模型的计算题型，属于“模型的具体数字化再现”，答题关键在于“应用”二字，即将模型的基本公式和相关分析对应于目标现象具体情况，以模型为依据进行计算和结论解释。

【参考答案】

(1) 根据题意，由总量生产函数可以得到人均生产函数为 $y=k^{\frac{1}{3}}$。

其中，y 为人均产量，k 为人均资本量。根据新古典增长模型，其稳态条件为

$$sf(k)=nk$$

即 $sk^{\frac{1}{3}}=nk$，其中 s 为储蓄率，n 为人口增长率。

进一步求解，可得稳态的人均资本量为

$$k^*=\left(\frac{s}{n}\right)^{\frac{3}{2}}$$

将其代入人均生产函数，求得稳态的人均产量为

$$y^*=(k^*)^{\frac{1}{3}}=\left(\frac{s}{n}\right)^{\frac{1}{2}}$$

(2) 为什么有些国家富裕，而有些国家贫穷？这是题干要求解释的问题。根据经济增长理论，国家间贫富差异主要指标之一是人均收入，由上一问中索洛模型稳态时人均资本量 $k^*=\left(\frac{s}{n}\right)^{\frac{3}{2}}$ 和稳态的人均产量 $y^*=\left(\frac{s}{n}\right)^{\frac{1}{2}}$ 可知，当一个国家的储蓄率高、人口增长率低时，该国的稳态人均资本量和人均产量就相对较高；反之亦然。因此，用储蓄率和人口增长率的差异可以在一定程度上解释“为什么我们如此富裕，而他们那么贫穷”这个问题。

(3) 黄金律所要求的资本存量应满足 $f'(k)=n$，即 $\frac{1}{3}k^{-\frac{2}{3}}=n$，在稳态时，$k=\left(\frac{s}{n}\right)^{\frac{3}{2}}$，所以有

$$\frac{1}{3}\left[\left(\frac{s}{n}\right)^{\frac{3}{2}}\right]^{-\frac{2}{3}}=n$$

即 $s^*=\frac{1}{3}$ 为所求。

13. 设在新古典增长模型的框架下，生产函数为：

$$Y=F(K,L)=\sqrt{KL}$$

(1) 求人均生产函数 $y=f(k)$；

(2) 若不存在技术进步，求稳态下的人均资本量、人均产量和人均消费量。

【思路点拨】索洛模型的关键是稳态条件，涉及该模型的题型都离不开对这一条件的应用，但需要注意的是，是否考虑技术进步和折旧。模型的稳态条件具有不同形式，而人均资本量、人均产量等变量的求解，是建立在稳态的基础上。

【参考答案】

(1) 根据相关定义，人均生产函数的表达式为

$$y=f(k)\Rightarrow y=\frac{Y}{L}=\frac{\sqrt{KL}}{L}=\sqrt{\frac{K}{L}}=k^{\frac{1}{2}}$$

(2) 设人口增长率为 n，储蓄率为 s，折旧率为 δ，人均消费为 c，由索洛模型稳态条件 $sy=(n+\delta)k$，可得

$$s\sqrt{k}=(n+\delta)k$$

$$k^{*}=\left(\frac{s}{n+\delta}\right)^{2}$$

$$y^{*}=\frac{s}{n+\delta}$$

$$c^{*}=(1-s)y^{*}=\frac{(1-s)s}{n+\delta}$$

k^{*}、y^{*}、c^{*} 即为稳态下的人均资本量、人均产量和人均消费量。

14. 在新古典增长模型中，已知生产函数为 $y=2k-0.5k^{2}$，y 为人均产出，k 为人均资本，储蓄率 $s=0.1$。人口增长率 $n=0.05$，资本折旧率 $\delta=0.05$。试求：

(1) 稳态时的人均资本量和人均产量；

(2) 稳态时的人均储蓄和人均消费。

【思路点拨】本题是上一题的具体应用，上一题考查对模型的推导及其经济含义的理解；本题则是给出具体数字，要求有针对性地代入模型运算。考研常见的情况是二者结合在一道题目中，考查考生对模型的理解与运用能力。

【参考答案】

(1) 根据索洛模型，其稳态条件为：$sy=(n+\delta)k$。

将相关题干所给数据代入索洛模型，可得

$$0.1\times(2k-0.5k^{2})=(0.05+0.05)k$$

解得 $k=2$。

将稳态时的人均资本量 $k=2$ 代入生产函数，得相应的人均产出为

$$y=2\times2-0.5\times2^{2}=2$$

(2) 相应地，人均储蓄函数为

$$sy=0.1\times2=0.2$$

人均消费为

$$c=(1-s)y=(1-0.1)\times2=1.8$$

能力提升

1. 试简述内生增长理论。

【参考答案】

内生增长理论，是继新古典增长理论之后的又一经济增长理论，产生于20世纪80年代后期与90年代初期，代表人物有罗默、卢卡斯和阿罗等经济学家。

内生增长理论假设资本边际收益不变，认为技术和资本一样，是“内生”的，卢卡斯通过引进人力资本积累因素(主要是人力资本的外在性与人力资本生产中的正反馈)来解释经济增长的内生性。内生增长理论模型中简单生产函数为$Y=AK$，其中Y是产出，K是资本存量，而A是一个常量，它衡量一单位资本所生产的产出量。需要注意的是，这个生产函数并没有反映出资本边际收益递减的性质。“无论资本量为多少，额外一单位资本生产A单位的额外产出，不存在资本边际收益递减”是这个模型和新古典增长模型的关键区别。

在新增长理论中，当创新和技术进步时，经济增长以某一比例无限地持续下去。按照这种分析方法，即使没有外生技术进步的假设，经济的收入也会一直增长。内生增长理论的结论是经济增长是内生的，即促使经济增长的因素是模型内决定的，储蓄和投资会引起经济的长期增长。

2. 假设一国长期的GDP的目标增长率为1%，劳动投入和人口以每年1%的速度增长，问：

(1) 为达到人均GDP为1%的增长目标，GDP的增长率应为多少合适？

(2) 假定技术进步率为5%，根据增长核算方程，为了达到人均GDP的目标增长率，资本存量需要达到多少？

【参考答案】

(1) 为了达到人均GDP为1%的增长目标，GDP增长率=1%+1%=2%。

(2) 根据增长核算公式：经济增长率=技术进步率+劳动增长率+资本增长率，由第(1)问知经济增长率为2%，故资本增长率=2%−0.5%−1%=0.5%。

3. 已知在新古典增长模型中，人均生产函数$y=f(k)=2k-0.5k^2$，人均储蓄率为0.3，劳动增长率为0.03，求：

(1) 经济均衡增长时的k值；

(2) 与黄金律相对应的人均资本量。

【参考答案】

(1) 根据新古典经济增长模型，经济稳态时有

$$\Delta K=sy-nk=0$$

即

$$0.3\times(2k-0.5k^2)-0.03k=0$$

得$k=3.8$。

(2) 根据黄金律条件，可得$f'(k)=n$，

即

$$2-k=0.03$$

得$k=1.97$。

4. 用经济增长理论分析在当前我国宏观经济下行压力加大的形势下，政府应采取何

种政策措施实现经济的稳定增长。

【参考答案】

中国宏观经济下行是一个长期的自然趋势。有些专家认为中国未来经济增长还是要靠投资。从经济增长理论来看，这是正确的。但是，现在的问题是消费下降、外贸出口增速在下降、企业固定资产投资一直在下降、政府基建投资受地方政府负债的影响开始折头向下，房地产目前正处于一个微妙的时期，不可能再依靠进一步地追加投资来维持一个几乎不可维系的高增长率。

在这种情况下，外贸出口很难再增加，人民币基本不会继续贬值，劳动力成本不可能再降下来，企业融资成本又很高。目前可选择的宏观经济政策主要有两项：一是放松货币，降低法定存款准备率，企业的融资成本高的关键还是货币紧缺，增加基础货币供应量，才能降低实际利率，进而刺激经济的增长。那么增加货币供应量会不会引发新一轮的通货膨胀？近些年来中国经济已经进入电子货币时代，通货膨胀已经与货币供应量尤其是M2的增加关系不大。放松货币，增加货币供应量的扩张性货币政策的效果可以用图19-2表示，在*IS*—*LM*模型中，增加货币供应量会使*LM*曲线右移，最终使产出增加。

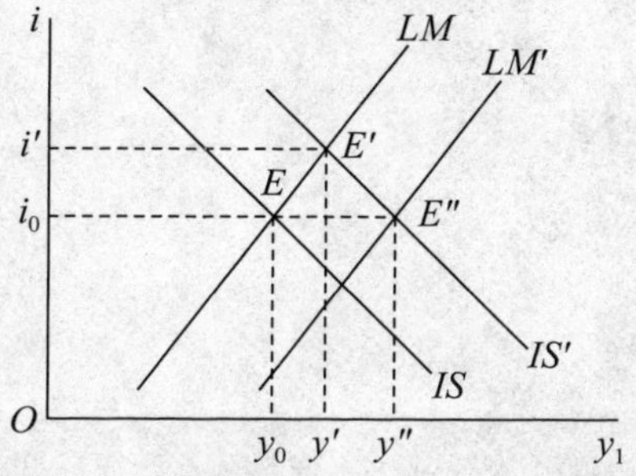

图19-2 扩张性货币政策和财政政策

在中国宏观经济下行压力加大的形势下，另一个可以考虑的宏观经济政策是减税。从税收占GDP的比重来看，中国税负并不高。但是，从宽口径的宏观税收占GDP的比重来看，却又是很高的。从统计数字上来看，中国企业所得税仅次于韩国，中国宏观经济下行的趋势下，不能总是考虑政府驱动投资，更合宜的宏观经济政策是减税，不是结构性减税，而是总量减税。减税属于扩张性财政政策，在*IS*—*LM*模型中，扩张性财政政策会使*IS*曲线右移，如图19-2所示，总产出增加。

5. 请写出增长核算方程，并用此对我国1978—2017年的发展作分析。

【参考答案】

增长核算方程为：$\frac{\Delta Y}{Y}=\alpha\cdot\frac{\Delta K}{K}+\beta\cdot\frac{\Delta N}{N}+\frac{\Delta A}{A}$，

可知产出的增长可由三种力量来解释，即劳动变动、资本变动和技术进步，所以，经济增长的源泉可以被归结为劳动投入、资本形成以及技术进步。

技术进步一般不能直接观测到，需要间接衡量，由前面推导出增长核算方程可得：

$$\frac{\Delta A}{A}=\frac{\Delta Y}{Y}-\alpha\cdot\frac{\Delta K}{K}-\beta\cdot\frac{\Delta N}{N}$$

$\frac{\Delta A}{A}$就是对技术进步的衡量，称为索洛残差或索洛余值。

改革开放以来，物质资本要素是中国经济主要的增长动力，并且重要性逐渐上升；人力资本增长动力在1982年左右达到峰值，此后不断下降；劳动力增长动力在1988年达到峰值，此后也不断下降；全要素生产率呈倒U形增长轨迹，这三次的快速增长都与中国几次重要的经济制度变迁有着重要联系。

经济体制改革、对外开放、基础设施建设、技术进步对经济增长的解释存在变动，不同时期对经济增长的解释力度不同。1987—1992年，经济体制改革依然是变化的重要解释变量；1992—2000年，经济体制改革、对外开放、基础设施建设共同成为经济增长的解释变量；2000—2017年，经济体制改革、基础设施建设、对外开放、技术进步对经济增长的解释变动的不多，对外开放的解释比重进一步上升，成为最重要的解释变量。

第20章 宏观经济学的微观基础

同步导学

章节	教材内容	掌握形式	重要程度	常见题型
§20.1	消费	㊮㊯	★★★	热度逐渐升高，尚以直接考查模型本身为主，结合图形分析，未来会结合热点经济现象考查
§20.2	投资	㊮㊭㊬㊯	★★★	尚未成为考试热点内容，但预测会成为考试热门知识点，且会逐渐结合实际考查
§20.3	货币需求	㊮㊭㊬	★★	以掌握其建模思想和方法为主，理解如何将现实现象转化为理论模型。往年不常考查，但今后未必如此

框架与归纳①

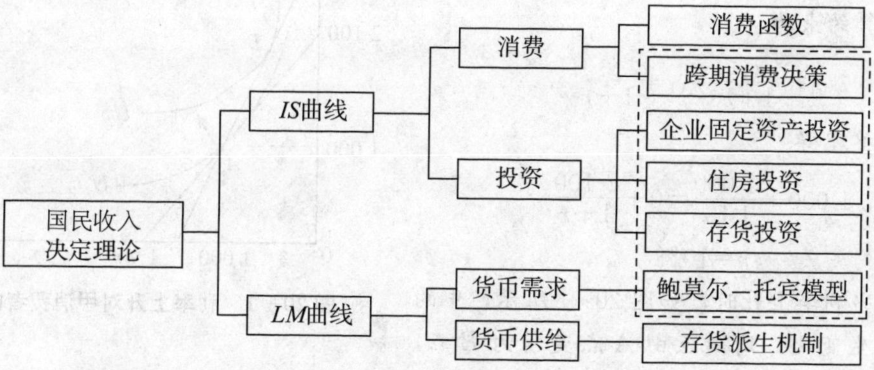

本章属于拔高理解内容，主要讲解收入决定模型的微观基础，具体涉及消费行为、投资行为和货币需求理论三个方面。与旧版本相比，本章内容基本都是新增加的，包括消费行为的跨期决策问题、投资行为分析[企业固定资产投资(新古典投资模型)、住房投资、存货投资]、货币需求的鲍莫尔－托宾模型(平方根模型)，其中容易作为大题出现的是跨期消费决策模型、新古典投资模型和平方根模型，建议掌握到代数形式层次，仅掌握思想是不够的。

20世纪70年代以来，宏观经济学的发展尤其重视微观基础问题，这也是新古典综合

①编者按：虚线框内为本章内容。

派理论的一大内在缺陷。新凯恩斯主义理论的特色之一就是强调理论的微观基础，从微观经济主体的最基本的行为假设出发，构建其行为方程，在一般均衡逻辑下搭建起解释宏观经济现象的理论模型。从这个意义上讲，本章内容虽然不多，但却反映了宏观经济学近几十年的发展的动向，这与之前的宏观理论是存在重大区别的，因而本章介绍的理论也就具有了特殊的重要性。

课后习题解析

1. 假设甲、乙两个消费者按照费雪的跨期消费模型来进行消费决策。甲在两期各收入1 000元，乙在第一期的收入为0，第二期收入为2 100元，储蓄或者借贷的利率均为r。

（1）如果两人在每一期都消费1 000元，利率为多少？

（2）如果利率上升，甲在两期的消费会发生什么变化？利率上升后，他的消费状况是变好还是变坏？

（3）如果利率上升，乙在两期的消费会发生什么变化？利率上升后，他的消费状况是变好还是变坏？

【思路点拨】跨期消费决策最优问题的解决关键在于理解预算线在两期中如何通过“借贷”实现突破当期消费的收入约束，在这一机制中利率起到了贴现率的作用。本题和下一题都涉及跨期消费决策中的收入效应和替代效应，应该以图形和文字方式掌握，一般出现在论述题型。

【参考答案】

（1）乙需要借贷用于第一期消费，其跨期消费的预算约束为

$$c_1+\frac{c_2}{1+r}=y_1+\frac{y_2}{1+r}$$

代入数据整理得

$$1\,000+\frac{1\,000}{1+r}=0+\frac{2\,100}{1+r}$$

$$r=10\%$$

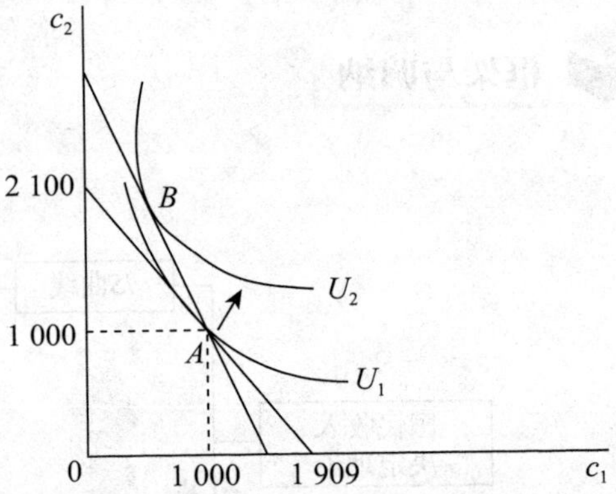

图 20－1　利率上升对甲消费者的影响

（2）当利率上升时，如图20-1所示，甲的预算线发生变化，均衡点由A点变动为B点，此时，对于甲而言，c_1将减少，c_2将增加，由无差异曲线可知，甲的境况变好了，即甲的无差异曲线从U_1上移至U_2。

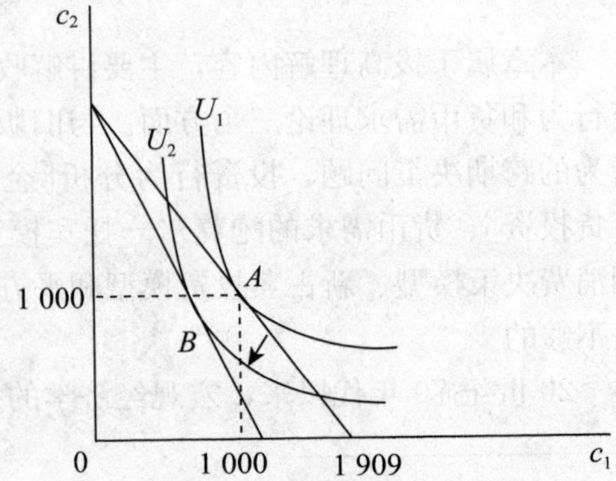

图 20－2　利率上升对乙消费者的影响

（3）若利率上升，如图20-2所示，乙的预算线将会围绕纵截距内旋，结果是c_1减少，而c_2可能增加也可能下降，新均衡位于B点。即同时面临替代效应和收入效应，利率的上升，导致当期消费更贵了，因而减少当期消费。同时，未来收入也因利率上升而现值下降。在B点，

由无差异曲线可知，所达到的效用低于利率上升前的消费选择点 A。

2. 本章第一节在对费雪模型的分析中，讨论了消费者在第一期进行储蓄的情况下，利率变动对消费决策的影响。现在假设消费者在第一期进行借贷，试分析利率变动对消费决策的影响，并画图说明其收入效应和替代效应。

【思路点拨】 与上一题类似，都是分析利率变化对消费决策的影响，其关键环节在于利率对跨期消费的预算线的影响，需要牢记的是跨期消费的预算线的斜率中含有利率，意味着利率的变化会导致跨期消费的预算线更加平坦或陡峭，而新的跨期消费的预算线则会形成新的消费者最优消费组合。判断消费者的境况是变好还是变坏，则是比较两种情况下，最优消费组合中哪一个带给消费者的效用水平更高。

【参考答案】 跨期消费决策中，实际利率的增加导致预算线绕点 (Y_1, Y_2) 顺时针旋转，变得更陡峭从而影响消费者在两个时期的消费决策。如图 20-3 所示，利率增加使预算线发生变化，相应的无差异曲线的切点由 A 点移到 B 点，影响可以分解为收入效应和替代效应。

其中，收入效应是作为借贷者的消费者在利率上升后，不能达到更高的无差异曲线，其状况变差。如果各时期的消费都是正常品，那么消费通常会下降。替代效应是两个时期消费的相对价格变动所造成的消费的变动。利率上升时，和第一期的消费相比，第二期的消费变得更加便宜，这往往使消费者选择第二期的消费增加而第一期的消费减少。

对于一个借贷者来说，当利率升高时，由于收入效应和替代效应同方向，第一期的消费必将下降。第二期的消费上升或下降取决于哪种效应更加强烈。在图 20-3 中，替代效应强于收入效应，因此 c_2 增加。

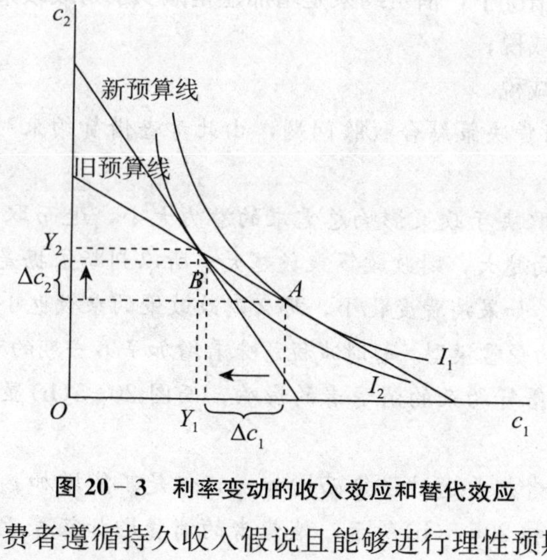

图 20-3 利率变动的收入效应和替代效应

3. 为什么说如果消费者遵循持久收入假说且能够进行理性预期，消费的变动就是不可预测的？

【思路点拨】 预期因素对持久收入理论的修正，需要依据预期的逻辑分析此时持久消费和持久收入之间的关系变化，其"合理"的结论是消费随机游走。此类题的关键是依据相关理论逻辑进行分析，不能依据自己的思路想象。

【参考答案】

根据霍尔的观点，持久收入假说与理性预期的结合意味着消费的变动遵循随机游走的方式。根据持久收入假说，消费者总是根据对一生收入的预期调整自己的消费。如果消费有效利用了可以获得的有关信息并进行了理性预期，那么只有未预期的事件才会影响消费，而未预期事件是不可观测的，所以消费的变动是不可预测的。

4. 试画图分析消费者收入变动对消费决策的影响。

【思路点拨】跨期消费决策问题是本章新增加内容，是重点。参见第1题的思路点拨。

【参考答案】

消费者跨期消费的预算约束方程

$$c_1+\frac{c_2}{1+r}=y_1+\frac{y_2}{1+r}$$

因为消费者在各个时期均可以储蓄或者借贷，收入的时间与先期消费多少无关，因而，消费取决于现期收入和未来收入的现值，即收入的现值$=y_1+y_2/(1+r)$。当消费者的收入增加，都会使得消费预算约束线向外移动，如图20－4所示，消费预算约束曲线由AB移动到$A'B'$，形成新的最优决策点E_2，现期消费增加到c'_1，未来消费增加到c'_2，当然这种情况仅仅适用于消费者在两期内消费的商品是正常品。

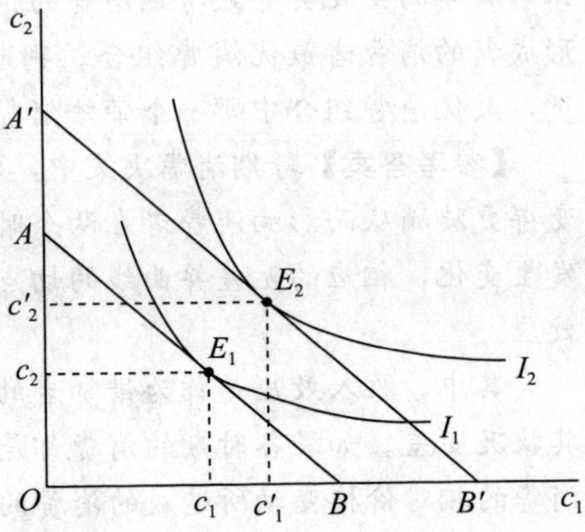

图20－4　收入增加对消费决策的影响

5. 试说明下列两种情况下，借贷约束是增加还是减少了财政政策对总需求的影响程度：

（1）政府宣布暂时减税；

（2）政府宣布未来减税。

【思路点拨】跨期消费决策结合税收问题，由此考查借贷约束对财政政策的影响。

【参考答案】

财政政策影响程度取决于政策影响总需求的潜力大小，进而取决于政策对消费的影响大小。因为边际消费倾向越大，财政政策乘数越大。所以判断依据是：如果消费变化大，那么财政政策的乘数也大；如果消费变化小，那么财政政策的乘数也小。

（1）考虑两个时期的费雪模型。暂时减税意味着增加了第一期的可支配收入，图20－5(a)显示了暂时减税对没有借贷约束的消费者的影响，而图20－5(b)显示了暂时减税对有借贷约束的消费者的影响。

有借贷约束的消费者想要通过借贷而增加c_1，但是不能增加c_2。暂时减税增加了可支配收入：如图20－5(a)和20－5(b)所示，消费者的消费增加额等于减税额。有借贷约束的消费者的第一期消费的增加额大于没有借贷约束的消费者的增加额，因为有借贷约束的消费者的边际消费倾向大于没有借贷约束的消费者的消费倾向。因此，与没有借贷约束的消费者相比，有借贷约束的消费者在第一期所对应的财政政策影响总需求的潜力更大。

（2）再一次考虑两个时期的费雪模型。宣布未来减税将增加Y_2。图20－5(c)显示了减税对没有借贷约束的消费者的影响，而图20－5(d)显示了减税对有借贷约束的消费者的影响。

没有借贷约束的消费者立即增加了消费 c_1。有借贷约束的消费者无法增加 c_1，因为可支配收入没有改变。因此如果消费者面临借贷约束，那么宣布未来减税对消费和总需求没有影响。因此，与没有借贷约束的消费者相比，有借贷约束的消费者在第一期所对应的财政政策影响总需求的潜力更小。

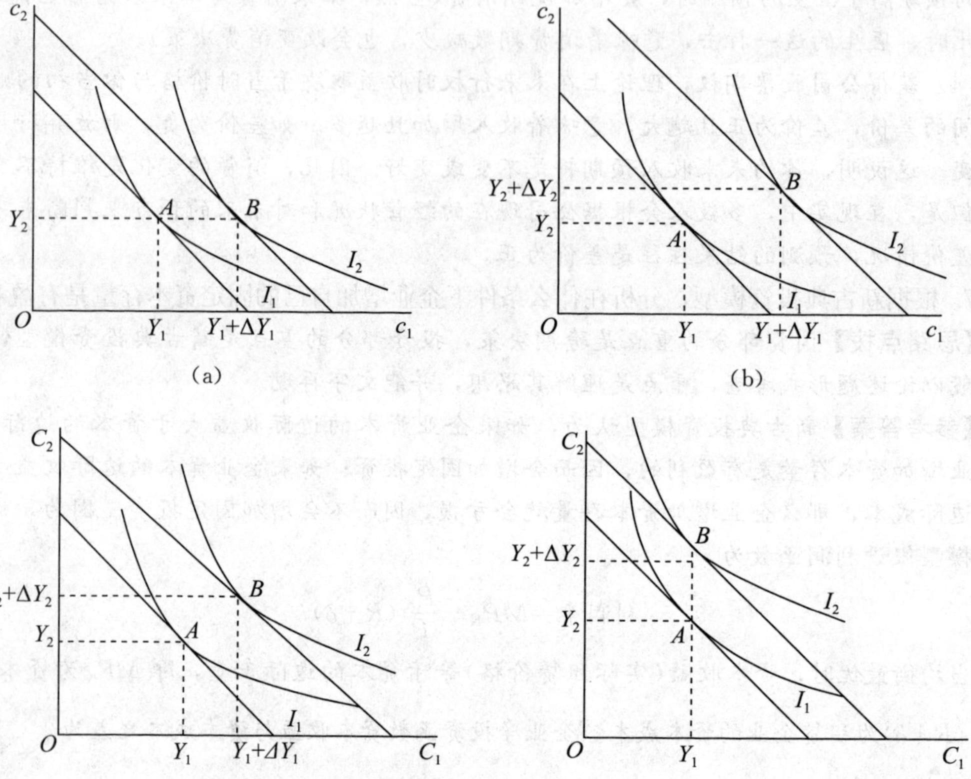

图 20-5

6. 假定你是一个追求跨期效用最大化的消费者，正处于青年时期，下述事件的发生将如何影响你现期的消费行为：

(1) 一位失散多年的亲戚突然与你取得联系，并在其遗嘱中将你列为其巨额财产的唯一继承人；

(2) 你目前所从事的行业属于夕阳行业，未来几年你将面临下岗的威胁；

(3) 医生根据你目前的身体状况预测你可以活到 90 岁；

(4) 假设你获得了公司给你的股票期权。

【思路点拨】 假设具体情形，灵活考查相关理论，要依据理论逻辑分析相应具体问题。

【参考答案】

(1) 跨期消费理论中，消费者是以其在一生中获得的资源为基础，当得知自己获得一笔巨额遗产时，未来收入的大幅增加必将导致其现值的增加，消费者跨期消费的预算约束线向外移动，消费品一般为正常品，所以消费者现期消费增加。

(2) 该事件可能会使消费者认为未来收入将减少，收入的现值会降低，所以消费者现

期消费会减少。

(3) 当消费者自己对寿命的预期低于医生的预测时，消费的期数增加，但是多出的消费期数里没有收入，所以消费者会重新调整自己的消费，满足跨期消费的预算约束方程，因为多出的消费期数中，没有收入只有消费，所以消费者会减少现期消费；当消费者自己对寿命的预期高于医生的预测时，会增加现期消费(当然，如果消费者本来认为自己能活100岁，此时，医生的这一打击，意味着消费期数减少，也会改变消费决策)。

(4) 获得公司股票期权，理论上在未来行权时收益取决于当时价格与你当初的购入成本之间的差价，差价为正且越大，意味着收入增加且越多。如差价为负，则放弃行权，收入不变。这说明，你的未来收入预期将是不变或变好。因此，消费的变化是维持不变或增加。但是，在现实中，多数人会根据公司现在的经营状况和对未来的预期来判断未来行权时的差价情况，预测的结果往往是差价为正。

7. 根据新古典投资模型，分析在什么条件下企业增加自己的固定资本存量是有盈利的?

【思路点拨】 消费部分的重点是跨期决策，投资部分的重点是新古典投资模型，此模型一般以论述题形式考查，重点是理解其思想，并能文字再现。

【参考答案】 新古典投资模型认为，如果企业资本的边际收益大于资本的边际成本，则企业增加资本存量是有盈利的，因而会增加固定投资；如果企业资本的边际收益小于资本的边际成本，那么企业增加资本存量就会亏损，因而不会增加固定投资。因为，新古典投资模型假设利润函数为

$$利润率=MP_K-\frac{P_K}{P}(R+\delta)$$

当均衡最优时，资本收益(实际租赁价格)等于资本的边际产量，即MP_K为资本收益，而$\frac{P_K}{P}(R+\delta)$为租赁企业的资本成本。企业净投资函数资本收益与资本成本之差为

$$净投资=\Delta k=I_n\left[MP_K-\frac{P_K}{P}(R+\delta)\right]$$

因此，当资本的边际产量大于资本成本时，企业认为此时增加固定资本存量是有盈利的。

8. 试分析利率的上升如何减少住房投资流量?

【思路点拨】 这是分析住房投资与利率的关系，应从投资成本角度分析。事实上，也存在供给角度的影响，即利率对开发商的供给成本的影响，进而影响供给价格，最终传导到住房投注流量。

【参考答案】

住房需求的一个关键因素是实际利率。原因在于住房投资数额巨大，往往需要利用住房抵押贷款，而且期限较长，因而利率是贷款成本的一个重要影响因素。此外，即使全款买房，也会对利率做出反应，因为利率是以住房形式持有财富而不把财富存入银行的机会成本。因此，利率上升减少了住房需求，降低了住房价格，并减少了住房的投资流量。

9. 试阐述企业持有存货原因。

【思路点拨】 存货属于企业投资的一部分，分为计划存货投资和非计划存货投资，在凯恩斯主义理论中，后者具有重大理论意义。

【参考答案】

答：企业持有存货的原因有很多，主要包括：

第一，保证生产的平稳化。持有一定量的存货的企业不必随时调整生产以适应销售的变化，当市场需求增加时，可以减少企业存货，当市场需求减少时，可以增加企业存货。

第二，避免脱销。产品生产需求时间，企业常常在了解顾客实际需求水平之前做出决策，为了避免产品销量高涨而脱销的情况，需要持有一定量存货。

第三，提高经营效率。与频繁少量订货相比，企业大量订货以持有库存的成本更低一些。

第四，在产品的存在。有些存货是不可避免的，当产品生产只完成一部分，会被作为企业存货的一部分。

10. 用新古典投资模型解释下列每一种情况对资本租赁价格、资本成本以及企业净投资的影响：

(1) 政府实施紧缩(原文为“扩张”，原文校对有误)的货币政策提高实际利率；

(2) 一次自然灾害摧毁了部分固定资产，资本存量减少；

(3) 大量国外劳动力的涌入增加了国内的劳动力供给。

【思路点拨】本题和第11题都是涉及新古典投资模型，这是本版教材里关于投资行为唯一一个模型化理论。投资和消费是宏观经济模型的微观基础和理论支柱，如何强调其重要性都不为过。本题很好地将教材内容转化为试题，属于理论再现型论述题，难度和风格接近考研真题。

【参考答案】

投资函数是

$$I=I_n[MP_K-(P_K/P)(r+\delta)]+\Delta k$$

资本的租赁价格等于资本的边际产品，资本成本$=(P_K/P)(r+\delta)$。

(1) 紧缩性的货币政策提高了实际利率，资本的租赁价格不变，资本成本增加，投资量减少。因为实际利率上升，由资本成本$=(P_K/P)(r+\delta)$可知，资本成本增加，企业会减少投资，但是由于资本的边际产品没有改变，所以资本的租赁价格不会迅速改变。

(2) 若一次自然灾害摧毁了部分资本存量，则资本的租赁价格上升，资本成本不变，投资增加。因为资本存量减少，使得资本的边际产品上升，所以资本的租赁价格上升。决定资本成本的各因素没有改变，所以资本成本不变。同时，因为资本的边际产品相对于资本的成本上升，使投资更有利可图，所以企业投资增加。

(3) 大量国外劳动力的涌入增加了本国内的劳动力供给，使资本的租赁价格上升，资本成本不变，投资量增加。因为劳动投入增加，使得资本的边际产品上升，所以资本的租赁价格上升。决定资本成本的各因素没有改变，所以资本成本不变。同时，因为资本的边际产品相对于资本的成本上升，使投资更加有利可图，所以企业投资增加。

11. 假定在完全竞争市场中，某企业的生产函数$Q=AK^{\alpha}L^{1-\alpha}$，产量$Q=100$，$\alpha=0.3$，资本的租金率$R=0.1$，企业产品价格$P=1$：

(1) 计算最优资本存量；

(2) 假设Q预期上升到120，最优资本存量是多少？

(3) 假定最优资本存量在5年内保持不变，现有的资本存量为100，企业会逐步调整资本存量使其接近于最优值，设$\lambda=0.3$。第一年的投资量是多少？第二年的资本存量是多少？

【思路点拨】本题是以数字简单再现新古典投资模型，解题的关键是利用模型中的基本公式，背后的逻辑是边际条件相等实现优化的思想。

【参考答案】

(1) 根据新古典投资模型，当$\alpha=0.3$时，由$Q=AK^{0.3}L^{1-0.3}$得

$$MP_K=0.3AK^{-0.7}L^{0.7}$$

根据最优资本条件$MP_K=\frac{R}{P}$，得

$$0.3AK^{-0.7}L^{0.7}=0.1$$

同时根据产量限制条件，有

$$100=Q=AK^{0.3}L^{0.7}$$

将上面两式联立

$$\begin{cases}0.3AK^{-0.7}L^{0.7}=0.1\\100=Q=AK^{0.3}L^{0.7}\end{cases}$$

可求得当产量为100时的最优资本存量$K^*=300$。

(2) 如果$Q=120$，则联立

$$\begin{cases}0.3AK^{-0.7}L^{0.7}=0.1\\120=Q=AK^{0.3}L^{0.7}\end{cases}$$

可得最优资本存量$K'=360$。

(3) 由于$K_0=100$，$K^*=300$

所以第一年投资量为

$$I_1=\lambda(K^*-K_0)=0.3\times(300-100)=60$$

第一年资本存量为

$$K_1=100+60=160$$

第二年投资量为

$$I_2=\lambda(K^*-K_1)=0.3\times(300-160)=42$$

第二年资本存量为

$$K_2=160+42=202$$

12. 假定住房存量供给函数$S_S=100$，需求函数$D=Y-0.5P$，住房流量供给函数$S_F=2P$，式中，P为住房价格，Y为收入。当$Y=200$元时，住房的均衡价格是多少？当收入增加到300元，并且假定住房能在瞬间造好，则短期住房价格为多少？新建住房价格为多少？

【思路点拨】本题主要考查住房市场价格的决定，所用方法仍是求供求均衡法，易出问题的地方是短期价格变化和新建房屋价格的决定因素。

【参考答案】

(1) 当$Y=200$元时，需求函数为$D=200-0.5P$。由住房存量供给函数与住房流量供给函数得，住房总供给函数为$S=100+2P$。住房市场均衡时，根据均衡条件$D=S$，即

$$100+2P=200-0.5P$$

求得住房均衡价格 $P^*=40$。

(2) 收入增加到300元时，需求函数为

$$D=300-0.5P$$

短期内住房价格将不变，即 $P^*=40$(元)。

此时住房需求量为

$$300-0.5\times40=280$$

短期住房存量供给量为180，因此存在100单位的住房差额需求，需要由新房来提供。

根据住房流量供给函数：$S_F=2P$，可得当 $S_F=100$ 时，新建房价格为50元。

13. 解释货币需求的资产组合理论与交易理论之间的区别与联系。

【思路点拨】本题要求较高，是货币需求的两大类型理论的综合比较，涉及古典货币数量论、费雪方程式和剑桥方程式、凯恩斯货币需求理论、弗里德曼货币需求理论等，并且要将其理论建立的货币本质定义作为划分的依据。严谨地讲，自亚当·斯密以来，西方经济学延续的是货币交易理论分析路径，直到马歇尔的剑桥方程式中所谓"栖息着的货币"，之后凯恩斯则正式走向资产组合理论研究路径，并形成新的传统，引发诸多大师级学者沿袭，并出现了诸多代表性理论，其中也包括弗里德曼货币需求理论。

思考货币需求的资产组合理论和交易需求理论的区别和联系，需要从西方经济学货币理论的源头出发，在理论流变中深入理解我们对货币与经济之间的本质关系，这是货币需求理论为何会从货币的交易媒介定位走向资产选择定位的关键。此类关于西方经济学流派的题目是近年一个复兴的题型，建议将名校作为考研目标的考生，强化对西方经济学流派课程的学习。

【参考答案】

(1) 货币需求的资产组合理论与交易理论之间的联系主要体现在如下两个方面。

第一，二者都是货币需求理论，反映了当时人们观察经济发展中货币作用而提出的货币理论，并都形成了具有代表性理论。

第二，货币需求的交易理论是货币需求的资产组合理论的前提，没有交易媒介功能，货币的资产选择也将无从谈起。

(2) 货币需求的资产组合理论和交易理论之间的区别如下三个方面。

第一，两种理论中基于的货币职能不同。

货币需求的资产组合理论建立在货币价值贮藏职能上，强调其作为一种资产对于经济主体的作用，生息资产。

货币需求的交易理论建立在货币交易媒介职能上，强调其作为一种交易媒介对经济主体的作用，即媒介交易行为。

第二，两种理论强调的货币需求决定因素不同。

货币需求的资产组合理论，其思想最早出现在剑桥方程式中现金余额的观点；正式地被广泛认可的形式是流动性偏好理论中将货币和债券作为具有替代关系的备选资产，认为经济主体究竟持有何种资产形式取决于其价格的变化趋势；而弗里德曼货币需求理论则是将资产的范围扩大，货币作为一种资产，与更多的资产种类具有了替代关系，因而其货币需求函数中包含若干变量，这些变量都影响人们对货币的需求量。这类理论的核心在于视

货币为一种资产，一种有别于其他资产的风险、收益和流动性特征，并且与其他资产的收益率共同成为影响经济主体资产形式选择的因素。

货币需求的交易理论，其思想历史悠久，可追溯至古希腊，而进行系统阐述的则是亚当·斯密。西方经济学古典理论、新古典学派都持有此种观点，甚至在马克思主义政治经济学中，也是认为货币是一般等价物。最终这类理论形成货币数量论。但需要说明的是，现代货币主义的货币需求理论，已经转向资产组合理论，并非交易媒介。这类理论一贯认为货币是一种交易媒介，其作用是使交易行为更加便利，这是人们对其产生需求的根本原因。

第三，两种理论的理论逻辑不同，形成的政策结论也不同。

货币需求的资产组合理论基于货币的资产论，从而货币作为一种资产，与其他各种资产建立了基于收益差异的不同需求，也就是货币成为一种非中性的属性，因而最终理论归宿是货币非中性，基于此的短期国民收入决定理论也具有国家干预的特色，如凯恩斯主义。

货币需求的交易理论是基于货币的交易媒介论，从而货币仅仅是一种便于交易的媒介，其数量仅仅影响商品的价格，对实际产出没有本质影响，因而货币是中性的，是一层“面纱”，形成“二分法”，基于此建立的经济理论得出的政策结论自然是自由主义，反对国家干预。

(3) 需要说明的是，货币并不是交易媒介和价值贮藏(也就是资产)二选一的非此即彼的关系，更可能是两者皆具，货币与实体经济之间的裂痕需要新的理论加以弥合。

能力提升

1. 试简述棘轮效应。

【参考答案】

棘轮效应，由美国学者杜森贝利提出，是指人的消费习惯形成之后具有不可逆性，即易于向上调整，而难于向下调整。俗称“由俭入奢易，由奢入俭难”。尤其是在短期内消费是不可逆的，其习惯效应较大。这种习惯效应，使消费取决于相对收入，即相对于自己过去的高峰收入以及他人的收入。消费者易于随收入的提高而增加消费，但不易于随收入的降低而减少消费，以致产生有正截距的短期消费函数。

2. 凯恩斯消费理论可能存在哪些问题？西方学者从哪些方面对其进行了发展或改进？

【参考答案】

(1) 凯恩斯提出了绝对收入假说。认为存在一条基本心理规律：随着收入的增加，消费也会增加，但消费的增加不及收入增加的多。根据凯恩斯绝对收入假说，边际消费倾向随收入的增加而递减。

第二次世界大战后的经验数据表明，凯恩斯的绝对收入假说与现行经济运行状况并不吻合，凯恩斯消费理论主要存在以下问题：

第一，凯恩斯消费理论是建立在主观的心理分析基础上，而且逻辑也比较不严密。在概括边际消费倾向递减规律时，将其称之为“正常心理法则”，但未予以证明或修正，只是归结为“人类天性”。作为经济理论的支柱建立在心理分析基础之上难以令人信服。

第二，第二次世界大战后没有发生“长期停滞”。根据凯恩斯消费理论可以推断，随着时间流逝、收入增加，储蓄也应该增加，用没有足够的盈利的投资项目来吸收这些储蓄，但是这些都没有发生。

第三，对长期收入和消费的分析。西蒙·库兹涅兹发现平均消费倾向在长期来看没有随着收入上升而下降，而是非常稳定的。现实情况是，短期消费函数平均消费倾向下降，而长期消费函数平均消费倾向不变，这被称为消费函数之谜。

(2) 西方学者为了解释消费函数之谜，发展和改进凯恩斯消费理论，提出了各种消费理论，较为有名的理论主要有：

第一，杜森贝利提出的相对收入消费理论认为，消费并不取决于现期绝对收入水平，而是取决于相对收入水平，即相对于他人的收入水平和相对于本人历史上最高的收入水平。

第二，莫迪利安尼提出的生命周期消费理论认为，个人是在更长的时间范围内计划他们的消费和储蓄行为的，以便在一生中实现消费的最优配置，从而将储蓄看成是个人想为年老时消费做准备的愿望的结果。按照该理论，消费不取决于现期的收入，而主要取决于一生的收入。

第三，弗里德曼提出的持久收入的消费理论认为，消费者的消费支出主要不是由他的现期收入决定，而是由他的持久收入决定。

3. 试简述节俭悖论。

【参考答案】

节俭悖论是由凯恩斯最早提出的一种关于储蓄与国民收入之间相互作用的理论。节制储蓄、增加消费会减少个人财富，对个人来说是坏事，但由于会增加国民收入，使经济繁荣，对整个经济来说是好事；节制消费、增加储蓄会增加个人财富，对个人来说是好事，但由于会减少国民收入，使经济萧条，对国民经济是坏事。

节俭是一种美德。从理论上讲，节俭是个人积累财富最常用的方式。从微观上分析，某个家庭勤俭持家，减少浪费，增加储蓄，往往可以致富。然而，根据凯恩斯的总需求决定国民收入的理论，节俭对于经济增长并没有什么好处。实际上，这里蕴涵着一个矛盾：公众越节俭，降低消费、增加储蓄，往往会导致社会收入的减少。因为在既定的收入中，消费与储蓄成反方向变动，即消费增加储蓄就会减少，消费减少储蓄就会增加。所以，储蓄与国民收入成反方向变动，储蓄增加国民收入就减少，储蓄减少国民收入就增加。根据这种看法，增加消费、减少储蓄会通过增加总需求而引起国民收入增加，就会促进经济繁荣；反之，就会导致经济萧条。但是，根据经济增长理论，在超长期，储蓄率的提高可以提高稳态时的人均收入水平，有利于经济增长。

节俭悖论告诉人们：在短期中，节俭减少了支出，迫使厂家削减产量，解雇工人，从而减少了收入，最终减少了储蓄。储蓄为个人致富铺平了道路，然而如果整个国家加大储蓄，将使整个社会陷入萧条和贫困。

4. 小泽与小晨都遵循两个时期的费雪消费模型。小泽在第一期赚了100元，第二期又赚了100元。小晨在第一期没有赚钱，第二期却赚了210元。他们都可以按照利率 r 借贷或储蓄。你观察到小泽与小晨都在第一期消费100元，并且第二期消费了100元。利率 r 是多少？

【参考答案】

我们可以使用小晨的实际选择预算约束来解出利率

$$C_1+\frac{C_2}{1+r}=Y_1+\frac{Y_2}{1+r}$$

$$100+\frac{100}{1+r}=0+\frac{210}{1+r}$$

得 $r=10\%$。

小晨在第一期借了 100 元用于消费而在第二期用 210 元的收入偿还 110 元贷款本息以及 100 元消费。

5. 小宇 25 岁研究生毕业开始工作，年收入 50 000 元，60 岁退休，预期寿命 85 岁，现在他已经 45 岁了，问：

(1) 小宇的财富边际消费倾向和劳动收入的边际消费倾向；

(2) 假定小宇现有财富 100 000 元，则小宇以后每年消费为多少？

【参考答案】

(1) 根据生命周期的消费理论可知，人们总是希望自己一生能相对平稳的生活，因此会计划在自己的生命周期内均匀地消费。

小宇的终身收入为 $YL\cdot WL=5\times(60-25)=175$(万元)，所以小宇的年平均消费为

$$C=\frac{175}{85-25}=\frac{35}{12}(\text{万元})$$

在小宇 45 岁时，小宇拥有财富为

$$WR=\left(5-\frac{35}{12}\right)\times(45-25)=\frac{125}{3}(\text{万元})$$

把小宇 45 岁看成新的起点，根据生命周期的消费理论，小宇以后每年的消费为

$$\frac{\frac{125}{3}+5\times(60-45)}{85-45}=\frac{35}{12}(\text{万元})$$

小宇的财富边际消费倾向 $\alpha=\frac{1}{85-45}=0.025$，劳动收入的边际消费倾向 $\beta=\frac{60-45}{85-45}=0.375$。所以小宇的财富边际消费倾向和劳动收入的边际消费倾向分别为：0.025 和 0.375。

(2) 假定小宇现有财富为 100 000 元，根据生命周期的消费理论，每年的消费为

$$C=0.025\times100\ 000+0.375\times50\ 000=21\ 250(\text{元})$$

第八部分

西方经济学流派简介

西方经济学流派是深入理解西方经济学的必备内容，属于更高程度的要求。原因主要是西方经济学发展过程中充满了争论，主流理论框架也几经转换。同时，在这个过程中，由于师承关系、学缘关系，各流派对理论进行了继承与革新。最终，如今的理论大厦内部理论间联系错综复杂。我们只有通过学习各流派之间的区别与联系，和其继承与发展的过程，才能做到知其然而知其所以然，才能真正深刻理解西方经济学的逻辑方法，避免慌不择路式的照搬。

第21章

新古典宏观经济学和新凯恩斯主义经济学

同步导学

章节	教材内容	掌握形式	重要程度	常见题型
§21.1	新古典宏观经济学的理论渊源	(文)	★★	重点掌握货币数量论的古典形式和现代形式，理解其区别和联系。仅以论述题形式出现。对于货币主义观点和政策，了解即可
§21.2	新古典宏观经济学的基本假设	(文)	★★	理解基本假设的从哪里来和为什么要引入两个问题，以论述题形式考查
§21.3	实际经济周期理论	(文)(图)	★	掌握思想，文字形式，如有余力，建议以图形分析形式重现模型
§21.4	一个新古典宏观经济学的 AD—AS 模型	(基)(图)(文)	★★	掌握 AS 曲线和卢卡斯模型主要思想，以论述题形式为主
§21.5	新凯恩斯主义形成的理论背景和特征	(文)	★	了解，以论述题形式考查，重点是对假设前提的理解
§21.6	名义黏性	(基)(图)(公)	★★	掌握主要思想。以论述题形式考查
§21.7	一个新凯恩斯主义的 AD—AS 模型	(图)(文)	★★	现象解释型论述题居多
§21.8	目前宏观经济学的基本共识	(文)	★	了解即可，偶尔出现

框架与归纳

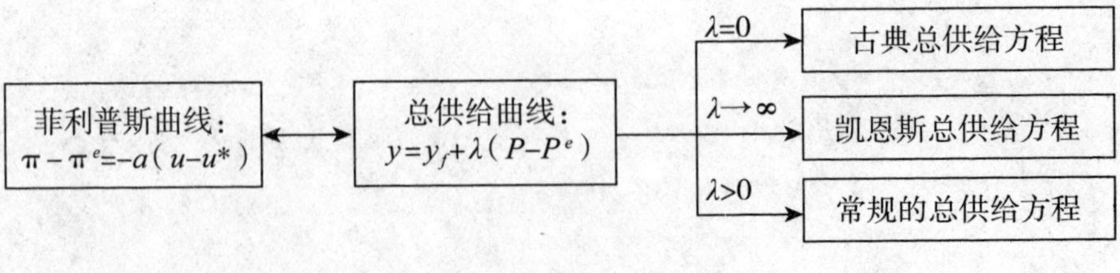

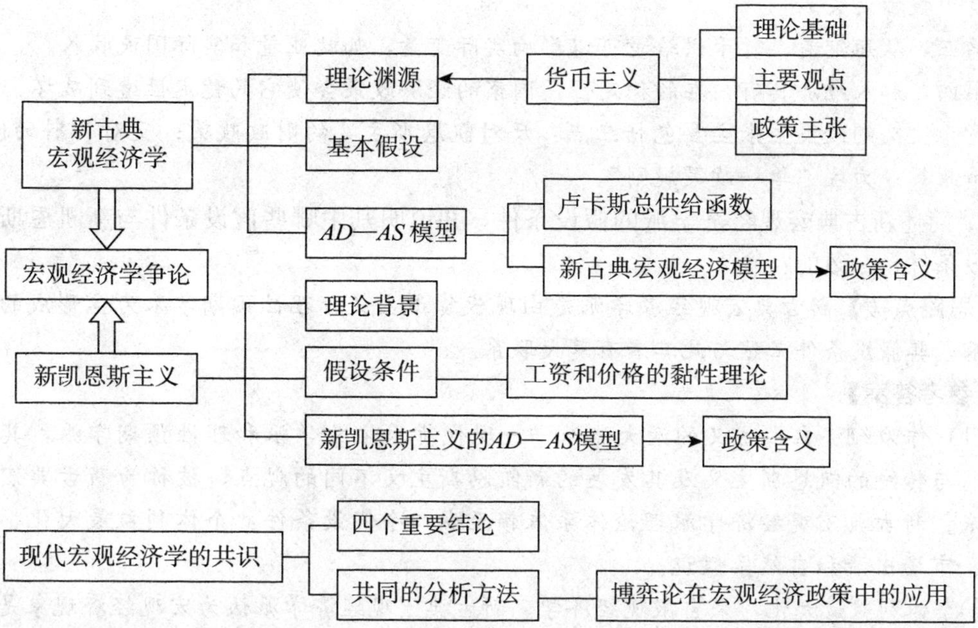

本章是西方经济学流派课程的简要概括，基本围绕新古典宏观经济学和新凯恩斯主义展开。鉴于新古典宏观经济学与现代货币主义、理性预期学派等之间的理论渊源，新凯恩斯主义与新古典综合派之间的理论渊源，新古典综合派和现代货币主义、理性预期学派等又都与古典、新古典宏观经济学之间有千丝万缕的联系，建议从1870年代的边际革命开始学习，才能从源头把握新古典宏观经济学和新凯恩斯主义之间的理论争论实质，才能深刻把握各自的基本假设的演变和理论模型的本质区别，进而掌握其政策的精髓。

本章内容难度较大，考试一般以论述题形式出现，力求以文字加简单图形或基本公式的方式掌握各流派的思想即可。

课后习题解析

1. 简述货币主义的基本观点和政策主张。

【思路点拨】考生需要对西方经济学主要流派有基本的了解和掌握，这有助于更深入地理解现有的西方经济学基本理论框架和结构，有利于更深层次地掌握主流理论特征和方法。本题是对现代货币主义的简单概括。

【参考答案】

货币主义的理论基础是新货币数量论和自然率假说，以此为基础，形成以下几个理论观点。

第一，货币供给对名义收入变动具有决定性作用。根据新货币数量论的方程式，货币流通速度在短期仅有微小变动，在长期是一个不变的常数，所以货币数量是货币收入波动的主要原因。

第二，从长期看，货币数量的作用主要在于影响价格以及其他用货币表示的量，而不能影响就业量和实际国民收入。根据自然率假说，就业量是由非货币因素决定的，所以产出与货币数量无关。

第三，从短期看，货币供给量可以影响实际变量，如就业量和实际国民收入。

第四，私人经济具有内在的稳定性，国家的经济政策会使它的稳定性遭到破坏。

货币主义的政策主张主要包括三点：反对凯恩斯主义的财政政策；反对“斟酌使用”的货币政策；力主“单一政策规则”。

2. 简述新古典宏观经济学派的假设条件，并说明其中哪些假设条件与新凯恩斯主义的假设条件是一致的？

【思路点拨】新古典宏观经济学派是由现代货币主义、理性预期学派为主形成的经济学流派，其假设条件必然与此二者有莫大联系。

【参考答案】

(1) 作为经济自由主义的两大流派——现代货币主义学派和理性预期学派，其持有一系列与传统的凯恩斯主义及其发展的新凯恩斯主义不同的观点，被称为新古典宏观经济学派。新古典宏观经济学派理论体系依赖至少四个假设条件：个体利益最大化、理性预期、市场出清和自然率假说。

①个体利益最大化，来自微观经济学。新古典宏观经济学派认为宏观经济现象是个体经济行为的后果，所以说宏观经济理论必须具有微观经济理论的基础，需特别注意的是，要符合利益最大化的基本假设的条件。

②理性预期，来自理性预期学派。新古典宏观经济学派认为经济当事人在有效地利用一切信息的前提下，对经济变量做出在长期中平均来说最为准确的，而又与所使用的经济理论、模型相一致的预期。也就是说，从长期来看，人们可以准确地或可以趋向于预期到经济变量所应有的数值。

③市场出清，来自新古典经济学派。新古典宏观经济学派认为无论劳动市场上的工资还是产品市场上的价格都具有充分的灵活性，可以根据供求情况迅速进行调整，使相应市场的供给和需求相等或趋向于相等。

④自然率假说，来自现代货币主义。新古典宏观经济学派认为任何一个社会都存在着一个自然失业率，其大小取决于该社会的技术水平、资源数量和文化传统等，而在长期中，该社会的经济总是趋向于自然失业率。

(2) 新凯恩斯主义的假设条件中也包含个体利益最大化和理性预期，这实际上反映了新凯恩斯主义认为原凯恩斯主义理论忽视了微观基础和预期因素，因而从反对派的理论中吸收增加了合理的部分。

3. 推导卢卡斯总供给曲线。

【思路点拨】鉴于卢卡斯理性预期革命的重大理论意义，以及之后宏观经济学几乎各个领域理论均被改写的现实，卢卡斯理性预期概念和卢卡斯总供给曲线是宏观经济学无法忽视的关键理论之一。初步理解其思想，掌握其代数推导对于理解宏观经济学的新发展大有裨益。同时，这也是近年来，要求相对较高的院校出题的热点内容。

【参考答案】

一个典型企业 i 的供给函数由下式给出

$$y_i = h(P_i - P) + y_i^*$$

其中 y_i 为企业的产量，P_i 为其产品的价格，P 为价格总水平，y_i^* 为企业的潜在产量，h 表示企业对其产品价格与价格总水平偏离的一种反应，$h>0$。

用 P^e 表示企业对价格总水平 P 的估计，从而有

$$y_i=h(P_i-P^e)+y_i^* \tag{1}$$

进一步地，企业对价格总水平的估计假定按下式进行

$$P^e=\hat{P}+b(P_i-\hat{P}) \tag{2}$$

式(2)表示，企业对价格总水平的估计由两部分组成：一部分是该社会中的有关机构预测并公布的价格预测值 $\hat{P}$；另一部分是企业根据其经验对预测值 $\hat{P}$ 的调整，参数 b 为调整系数。

将式(2)代入式(1)并整理，得

$$y_i=h(1-b)(P_i-\hat{P})+y_i^*$$

从整体上看，整个经济的总供给曲线是通过将所有企业的供给曲线加总而得到的。设整个经济的生产由 n 个像企业 i 的企业组成，则经济的总供给函数为

$$y=nh(1-b)(P-\hat{P})+y^* \tag{3}$$

式(3)即为卢卡斯总供给函数。其中 y 为总产出，P 为整个经济的价格水平，y^* 为经济的潜在产量。卢卡斯总供给函数表示，经济的总产出与未被预期到的价格上升之间具有正相关关系。经过系数的合并，卢卡斯总供给函数通常写为

$$y=y^*+\lambda(P-\hat{P})$$

其中参数 $\lambda>0$，$\hat{P}$ 为预期价格。

4. 推导新凯恩斯主义的总供给曲线。

【思路点拨】 当今主流经济学两大阵营是新古典宏观经济学和新凯恩斯主义，分别是经济自由主义和凯恩斯主义的衣钵继承者和发展者，继续对国家是否应该干预经济展开持续争论。就总供给曲线而言，第3题的卢卡斯总供给曲线是新古典宏观经济学观点，而本题新凯恩斯主义总供给曲线代表另一方力量。

【参考答案】

新凯恩斯主义的短期总供给曲线可以由图21-1推导出来。其中，图21-1(a)中的 N_d 和 N_s 分别表示劳动的需求曲线和供给曲线，它们都是实际工资 $\frac{W}{P}$ 的函数。而在劳动市场上，劳动者和厂商能够使用的是名义工资，因此，需要剔除价格水平的影响，即实际工资为 $\frac{W}{P}$。

根据新凯恩斯主义理论，当劳动的边际产品(代表劳动给厂商带来的利益)大于厂商为得到这一劳动所必须支付的价格(即劳动的实际工资)时，厂商会增加雇佣劳动力，直到代表收益的边际产品与代表成本的实际工资相等为止。在劳动者用什么样的 P 去除 W 以便得到实际工资 $\frac{W}{P}$ 的问题上，新凯恩斯主义认为，不论劳动者是否知道实际价格水平为多少，劳动的供给曲线所使用的 P 只能是在签订合同时他们所预期的价格 P^e。

正是根据一定的 P^e，劳动者的代表（工会）才与厂商通过讨价还价达成了工资协议（即规定货币工资 W 的大小）。一方面，协议一经签订，不论客观情况如何，双方都必须遵守，这就是说，在合同期内，根据 P^e 而决定的 W 是黏着不变的。另一方面，在同一期间，实际价格水平可以经常变动，而整个社会的厂商是按实际价格水平 P 来决定对劳动的需求的。假定 P 正好等于 P^e，如图 21-1(a)中的 N_s 所示，N_d^0 是根据与 P^e 相等的 P^* 所作出的劳动需求曲线。由于 $P=P^e$，所以 N_S 和 N_d^0 相交于点 E_0。该点表示的价格水平 P 和就业量 N 分别为 P^* 和充分就业的就业量 N^*。将其代入生产函数可得图 21-1(b)中的点 E_0，从而相应的充分就业的产量为 y^*，于是在图 21-1(c)中可找到与 P^* 和 y^* 相对应的点 E_0，该点便为新凯恩斯主义短期总供给曲线上的一点。新凯恩斯主义者认为，厂商雇佣劳动的实际数量取决于 W 和 N_d 的共同作用。例如，在工资合同期内，价格水平从 P^* 上升到 P_1，这时图 21-1(a)中的劳动需求曲线从 N_d^0 移动到 N_d^1。由于 W^* 已为合同所规定，不能改变，为了取得最大利润，厂商只能根据既定的货币工资 W^* 和新的劳动需求曲线 N_d^1 来决定雇用的劳动数量。由图 21-1(a)可知，这时厂商实际雇用的劳动数量为 N_1，从而产出数量为 y_1。于是，在图 21-1(c)中可得到与 P_1 和 y_1 相对应的点 D'。如果实际价格水平 $P=P_2$，则 N_d 曲线处于图 21-1(a)中 N_d^2 的位置。按照同样的步骤便可找出 N_d^2 与 W^* 两线的交点 E_2 所决定的 N_2，于是在图 21-1(c)中又得到点 F'。

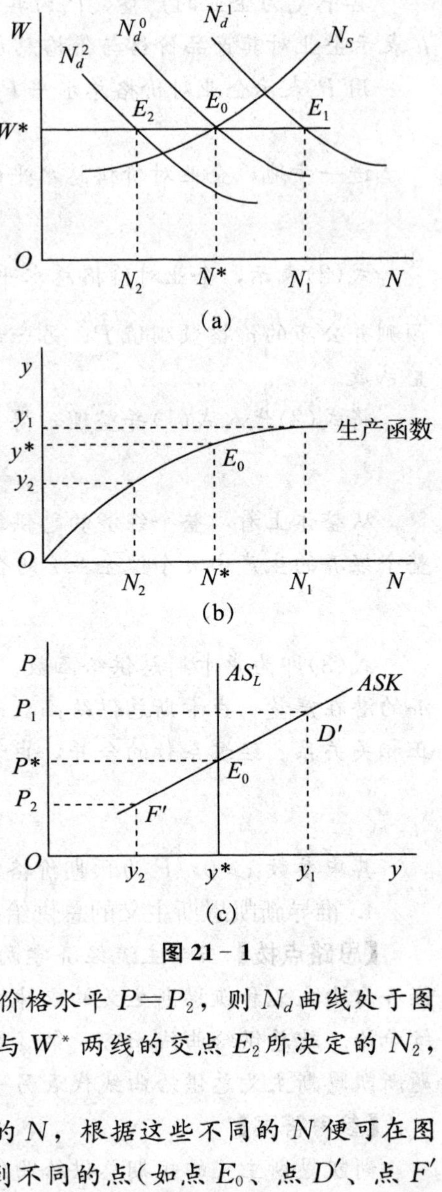

图 21-1

因此，在黏性工资假设下，不同的 P 可得到不同的 N，根据这些不同的 N 便可在图 21-1(b)中得到不同的 y，从而可在图 21-1(c)中找到不同的点（如点 E_0、点 D'、点 F' 等），用一条光滑的曲线将这些点连在一起便得图 21-1(c)中的曲线 ASK，即新凯恩斯主义的短期总供给曲线。

5. 说明宏观经济政策的时间不一致性。

【思路点拨】 理解思想即可，属于延伸内容，考试一般不会涉及具体模型。本章之前的内容都没有考虑时间因素的影响，因而是静态模型，但现实是变化着的，具有不确定性，故而介绍此类理论的目的是拓展考生的思路。

【参考答案】

宏观经济政策的时间不一致问题是由基德兰德和普雷斯科特在 1977 年提出的，概括而言，作为决策者，政府最初实施一项最优政策，随着时间的推移，到下一阶段会出现使决策者改变计划的动机，即今天的决策不再适合明天了，这就出现了时间的不一致性。

6. 从菲利普斯曲线推导总供给曲线。

【思路点拨】 菲利普斯曲线和总供给曲线之间的代数推导，对于目标是双一流、知名财经院校在内的“211”院校的考生，建议掌握。

【参考答案】

附加预期的菲利普斯曲线

$$\pi=\pi^e-a(u-u^*)$$

用$(P-P_{-1})$代替π，用(P^e-P_{-1})代替π^e，其中P为当期价格水平，P_{-1}为前一期价格水平，P^e为预期价格水平。则上式可变形为

$$P-P^e=-a(u-u^*) \tag{1}$$

根据奥肯定律，有

$$\frac{y-y_f}{y_f}=-\alpha(u-u^*) \tag{2}$$

将式(2)代入式(1)替换掉$(u-u^*)$得

$$P-P^e=\frac{a}{\alpha}\left(\frac{y-y_f}{y_f}\right) \tag{3}$$

记$\lambda=\frac{\alpha y_f}{a}$，则式(3)可变形为

$$y=y_f+\lambda(P-P^e)$$

最终所得出的式(4)即为所求的总供给曲线，其中y为总产量，y_f为潜在产量。

7. 理性预期和适应性预期有何区别?

【思路点拨】 预期概念的发展经历了一个过程，其中最重要的两个阶段就是理性预期和适应性预期，通过比较可以更进一步地理解理性预期概念。建议关注对预期概念的认识是如何深化的。

【参考答案】

理性预期是新古典宏观经济学派的基本假设之一，是指在有效利用一切信息的前提下，对经济变量做出的在长期中平均说来最为准确的，而又与所使用的经济理论、模型相一致的预期。

适应性预期是指人们在对未来会发生的预期是基于过去(历史)的。适应性预期是一种关于预期形成的观点，认为预期仅由过去经验所形成，预期将随时间推移缓慢发生变化。

8. 黏性价格假设有什么重要性?

【思路点拨】 黏性价格假设是新凯恩斯主义对凯恩斯主义刚性价格假设的“升级版”，发展出若干理论模型来解释黏性价格的成因。其特色是从微观等层面解释黏性的原因。这是理解新凯恩斯主义的一个关键点。建议以论述题形式掌握其思想即可。

【参考答案】

所谓黏性价格理论，其基本思想是指价格不随着总需求的变动而迅速变化，这里的关键是变化的速度。黏性价格具有重大理论意义，其重要性在于具有黏性的价格是新凯恩斯主义解释市场无法自动出清的关键假设，即涉及市场机制是否有效、政府干预是否必要的核心问题。当价格有黏性时，市场不能自动出清，市场机制失灵，只有政府干预才能纠正市场的无效性。

9. 效率工资理论与工资黏性有什么关系？

【思路点拨】 效率工资理论是新凯恩斯主义解释黏性工资假设的一种代表性理论，是理解新凯恩斯主义思想的一个工具，具有较大的影响力，建议考生以论述题形式掌握其思想。

【参考答案】

效率工资理论认为，劳动生产率的高低取决于厂商支付给工人的工资高低。对工资的削减会导致劳动生产率的下降，最终引起单位劳动成本的提高。因此，为了保证效率，厂商愿意支付给工人高于均衡工资的工资。效率工资是指劳动效率对工资的弹性为 1 的时候的工资，此时，能使劳动效率达到最高。在新凯恩斯主义理论中，效率工资是一种解释工资黏性的重要理论。

10. 说明新凯恩斯主义对经济波动的解释。

【思路点拨】 新凯恩斯主义应用 $AD-AS$ 框架对经济波动进行解释，在教材中有完整介绍，其关键在于理解新凯恩斯主义的短期总供给曲线和长期劳动合同的交错调整。建议考生掌握图形分析这种基本方法。

【参考答案】

新凯恩斯主义对宏观经济波动的考查是用 $AD-AS$ 曲线并结合长期劳动合同的交错性质来说明的，如图 21-2 所示。

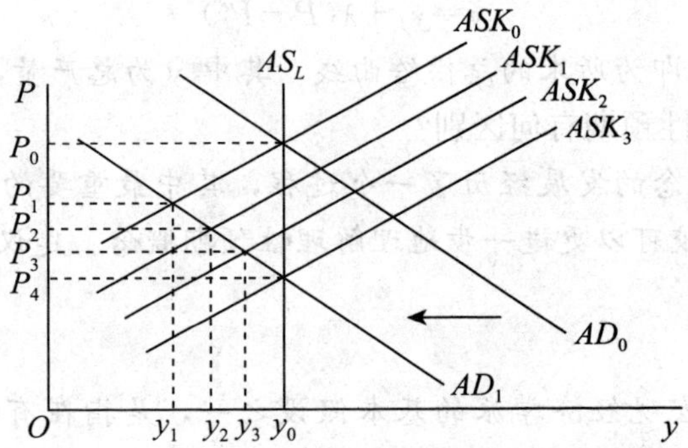

图 21-2　新凯恩斯主义对经济波动的解释

假定经济初始均衡位于总需求曲线 AD_0 和新凯恩斯主义的短期总供给曲线 ASK_0 的交点上，此时价格水平为 P_0，实际收入为 y_0。假设一个来自总需求的负冲击，如金融危机导致经济萎缩并致使经济净出口需求减少，抑或者政府支出减少、货币供给的减少等引起的总需求下降，总之是使总需求曲线向左移动到 AD_1。

当存在长期劳动合同时，假定合同期为 3 年，也就是每年都有占合同总数 1/3 的合同需要重新签订。根据新凯恩斯主义理论，从 AD_0 移到 AD_1 后，实际收入下降到 y_1，价格水平亦下降到 P_1，当首批劳动合同重新签订时，劳动供求双方将达成较低的货币工资协议。这一较低的货币工资将使短期总供给曲线向右移动到 ASK_1，此时价格水平将再下降到 P_2，实际收入则增加到 y_2。当第二批劳动合同重新签订时，劳动供求双方又达成了更低的货币工资协议，这一更低的货币工资又使短期总供给曲线进一步向右移动到 ASK_2，结果是价格水平下降到 P_3，收入则增加到 y_3，依此类推，到了第三批劳动合同重新签订时，总供给曲线向右移动到 ASK_3，这时，价格水平下降到 P_4，而收入则恢复到了总需求冲击前的充分就业的水平 y_0。综上所述，新凯恩斯主义解释了经济的一次衰退过程。

11. 说明宏观经济学目前的主要共识。

【思路点拨】相比微观经济学，宏观经济学的共识比较少，但在某些方面还是存在一些共识，这是自宏观经济学诞生以来不断争论与发展的结果，也是进一步深化的阶段性起点。建议理解并大体掌握有哪些方面，能够在此基础上发挥即可。

【参考答案】

宏观经济学目前的主要共识有：

(1) 在长期中，一国生产物品与劳务的能力决定了它的国民的生活水平。GDP 是衡量一国经济福利的重要指标。实际 GDP 衡量了经济中物品与劳务的总产出，进而衡量了一国满足其公民的需求和欲望的能力。

(2) 制度对于长期经济增长是非常重要的。基础性制度，对实现高经济增长是非常关键的，比如，价格机制发挥作用的一个重要前提是经济中广泛尊重产权。

(3) 在长期中，货币增长率决定通货膨胀率。"通货膨胀时时处处都是一种货币现象"。

(4) 在短期中，因为价格总有黏性，所以，总需求影响一国生产的物品和服务的数量。

(5) 在短期中，政策制定者面临通货膨胀和失业之间的权衡。

(6) 预期是重要的。

12. 给出两个西方学者将微观经济学应用于宏观经济分析的例子。

【思路点拨】微观经济学和宏观经济学的"两分"被认为是西方经济学的一大"裂痕"，这是与现实不相符的，因而也是应该改变的地方。将两者结合起来解释经济现象，甚至发展出一套建立在一个基础上的、方法一致的、逻辑自洽的体系应该是未来的方向。

【参考答案】

(1) 在国际经济中，关于倾销的经济分析主要运用的是微观经济学中的不完全竞争的理论。

(2) 在新凯恩斯主义关于工资和价格黏性的理论分析中，也用到了不完全竞争的理论。

能力提升

1. 政府突然宣布在下个月全面放松对公用事业(水、电、煤气等)收费的价格管制。因此人们都认为整个物价水平将大幅度上涨。李四将自己的银行存款全部取出并购买了黄金和股票。试论述李四这样做的理由。

【参考答案】

预期通货膨胀率的变化降低了李四的货币需求，原因在于人们都认为整个物价水平将大幅度上涨，即预期通货膨胀率会提高，此时手中持有的货币会贬值，所以会降低货币需求，进而购买可保值增值的黄金以及投资、购买股票。

2. 试简述实际经济周期理论。

【参考答案】

(1) 实际经济周期理论，简称 RBC 理论，是新古典宏观经济学的代表性理论，是 20 世纪 80 年代新古典宏观经济学家提出的一种新的经济周期理论模型。

(2) 实际经济周期理论认为，实际因素的冲击是经济周期波动的主要原因，实际因素的冲击指对经济的实际方面发生的扰动，比如影响生产函数的冲击、影响劳动力规模的冲击、影响政府购买实际数量的冲击等。同时它也认为引起经济波动的实际因素很多，如石油危机、农业歉收、战争、人口数量增减、技术革新等，但技术的变化是收入和投资变动的根源。

3. 论述古典货币理论和凯恩斯货币理论的主要分歧。

【参考答案】

古典货币理论和凯恩斯货币理论在以下问题中存在着本质的区别：

(1) 货币是交易媒介还是用于价值贮藏，抑或计价单位？古典货币理论认为，货币是交易媒介，是因为货币在物物交易非常困难而且效率低下的情况下开始产生并使用的，使用货币可以克服物物交换的不便或减少交易费用，货币是润滑剂；而凯恩斯货币理论强调货币是资产，即货币具有价值贮藏职能。

(2) 货币是存量还是流量？古典货币理论认为，货币是一个流量；凯恩斯货币理论提出关于货币需求的流动偏好理论，以反对古典货币数量论，而作为流动偏好的货币存量是要表述资产的流动性的。

(3) 货币是表示相对价格还是表示总量变量（即价格总水平）？古典货币理论认为，货币表示相对价格；凯恩斯货币理论认为，货币表示总量变量。

(4) 货币是中性的还是非中性的？在货币与经济活动的关系问题上，古典货币理论认为货币是中性的，即流通中的货币数量仅仅影响经济中的价格总水平，而不影响真实产出水平和相对价格；而凯恩斯货币理论认为货币是非中性的，即货币部门和真实部门是不能截然分开的，实施货币政策，可以影响产出水平。

4. 什么是充分就业预算盈余？为什么在实际预算盈余之外还要使用充分就业预算盈余这一概念？

【参考答案】

(1) 充分就业预算盈余，是指既定的政府预算在充分就业的国民收入水平即潜在的国民收入水平上所产生的政府预算盈余。计算公式为

$$BS^{*}=ty^{*}-\overline{G}-\overline{TR}$$

其中 y^{*} 表示充分就业的国民收入。

(2) 从表面上看，预算盈余 BS 的变化似乎可以成为经济中财政政策方向的检验指针，即预算盈余增加意味着紧缩性财政政策。然而，如果这样简单地用 BS 检验财政政策的方向是不正确的。因为预算盈余或赤字变动有时并不是由财政政策主动变动引起的，而是由经济情况变动本身引起的。在经济衰退时期，由于收入水平下降，税收自动减少，政府转移支付自动增加，这就会引起预算盈余减少或预算赤字增加。而在经济高涨时期，由于收入水平上升，税收自动增加，政府转移支付自动减少，就会引起预算盈余增加或预算赤字减少。

而充分就业预算盈余 BS^{*} 衡量的是在充分就业收入水平上的预算盈余，充分就业收入在一定时期内是一个稳定的量。在此收入水平上，预算盈余增加，则是紧缩性财政政策；反之，则是扩张性财政政策。

5. 运用宏观经济理论分析我国现阶段为什么“要在适度扩大总需求的同时，着力加强供给侧结构性改革”。

【参考答案】

所谓供给侧结构性改革，就是从提高供给质量出发，用改革的办法推进结构调整，矫正要素配置扭曲，扩大有效供给，提高供给结构对需求变化的适应性和灵活性，提高全要素生产率，更好满足广大人民群众的需要，促进经济社会持续健康发展。

加强供给侧结构性改革，一方面，要发挥市场在资源配置中的决定性作用，正确处理好市场与政府的关系，对于供给侧和需求侧的平衡，都要靠市场机制加以实现。另一方面，市场调节不是万能的，市场也有自发性、盲目性、滞后性等缺陷，因此要靠科学的国家宏观调控，保持经济持续健康发展，实现社会总供给和社会总需求的总体平衡，因此要在适度扩大总需求的同时，加强供给侧结构性改革。

我国现阶段，人民的物质文化需求不断加强，但总是出现出国购物等国内需求缺乏的现象，说明我国的需求量大，而供给方面没能跟上人民对需求的要求。

在适度增加总需求的同时，加强供给侧结构性改革，从长期来说，有利于增加就业，减少通货膨胀。

如图 21-3 所示，在 AD—AS 模型上，在长期中，增加总需求或者减少总需求不能相应地增加潜在产出或者减少潜在产出，当然也不能影响长期的就业水平，只能导致价格的波动。总需求无论是从 AD_1 增加到 AD_2，还是从 AD_2 减少到 AD_1，潜在产出水平不变，均为 Y_t。但是总需求的增加会导致价格水平上升，而总需求的减少则会导致价格水平下降。所以如果只扩大总需求，在长期中，只会带来价格水平的上升和通货膨胀。但是如果增加供给，从 LAS_1 增加到 LAS_2，就会减少总需求冲击所带来的价格水平的上升，可以抑制通货膨胀，产出也可以从 Y_{c1} 增加到 Y_{c2}，所以要在适度扩大总需求的同时，着力加强供给侧结构性改革。

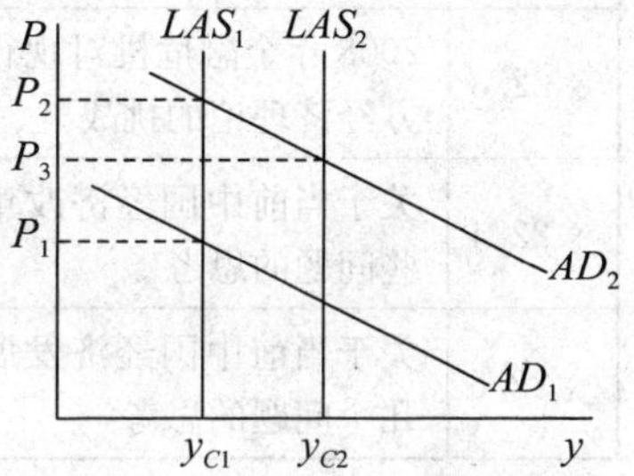

图 21-3 AD—AS 模型

第 22 章 西方经济学与中国

同步导学

章节	教材内容	掌握形式	重要程度	常见题型
§22.1	西方经济学科学性与意识形态问题	㊫	★	较少直接考查，但应该理解并思考
§22.2	我国借鉴西方经济学问题	㊫	★★	有成为考题的潜质，必须作为学习的前提。否则，成才误国，不成才误己
§22.3	2008 年金融危机对现行西方经济理论的挑战	㊫	★	了解即可
§22.4	关于当前中国经济改革一些问题的思考	㊫	★★	本部分简要探讨了当前中国经济面临的现实问题和主流观点，可以作为现象解释型论述题答题的范本而学习其方法。当然，也需要了解现实经济
§22.5	关于当前中国经济发展中几个问题的思考	㊫	★★	

框架与归纳

本章不需要框架图，都是独立的问题。

本章不涉及西方经济学具体理论模型，讨论的是关于我们学习西方经济学应该持有的态度和方法。这些内容一般不会在初试题目中出现，但在复试的面试中有“聊”到的可能性，从而识别出考生的认识深度。复习中，多读多思即可，不必刻意记忆。

关于中国当前经济改革的实践与西方经济学之间的联系，以及 2008 年金融危机对西方现有主流理论的冲击等问题，都是现实性很强的内容，因而理解上要求具有较高的理论修养。就考研层次来讲，建议多思考几个“为什么”，多尝试用已学理论解读现实问题等，不可能一蹴而就，贵在坚持。

课后习题解析

1. 你认为西方经济学是科学吗？为什么？我们应该学习西方经济学的什么内容？

【参考答案】

西方经济学的整个理论体系或整体倾向性属于不完全符合科学要求的范畴。

第一，根据实践是判别真理的标准，西方经济学的理论体系不完全符合科学的要求，因为西方经济学的理论体系尚未通过实践的检验。因此西方学者目前还只是把西方经济学的理论体系称为“共同认可的理论结构”或“模式”。

第二，西方经济学还缺乏科学应有的内部一致性，即在理论体系中，不能同时存在两种或两种以上相互抵触的说法。

第三，科学研究的进展所取得的成果往往是积累性的，但是西方经济学却往往不是如此，有些甚至是相互排斥的。

第四，苛刻的假设条件。假设条件越宽松，就越符合现实，理论应用的范围就越广。

经济学属于社会科学，本质上研究的是人的行为和行为背后人的选择与决策。由于人的决策行为具有更加复杂的机制，我们对于这一领域的认知还处于非常初级的阶段，西方经济学便具有了若干与科学要求并不完全一致的特征。因此，我们主要学习的不是某些特定的结论，而是分析的方法、思维的逻辑，在这个基础上能更好地应用或发展适用于本国经济环境的经济理论。对于本科生而言，首要的是掌握已有的理论，以此学习其分析的方法和思维的逻辑。

2. 举出三个西方经济学宣传资本主义的事例。

【参考答案】

西方经济学是西方经济学家的一整套关于西方市场经济运行与发展的理论。西方国家的市场经济制度就是资本主义经济制度。因此，西方经济学必然要宣传资本主义。例如，西方经济学家总说资本主义经济制度是永恒的制度，资本主义经济是最有效率的，资本主义的经济危机是可以用政策加以消除的，等等。

3. 举出三个西方经济学对我国有用的地方。

【思路点拨】“扬弃”是我们学习西方经济学的方式，目的是从我们的经济现实出发，发展成能够解释我们面临的经济现象，并找到解决办法的理论。所以在学习中要着重于分析方法，而非教条式结论，这也是研究生招生考试的侧重点。

【参考答案】

第一个，在微观经济学中，均衡价格理论中的需求弹性和供给弹性理论对我们做好经济工作是具有参考价值的。

第二个，在宏观经济学中，关于国民收入核算的理论和方法，事实上已经被我国采用。

第三个，在国际经济学中，因为需要和西方市场经济国家来往，所以需要学习运用国际经济中的理论。遵循一些惯例，这样有助于互利互惠。

4. 你认为我们应用西方经济学时应考虑哪些特殊国情？

【思路点拨】西方经济理论是以西欧诸国，尤其是英美自工业革命以来的经济发展实践为基础，深化与升华而形成的规律性理论结晶，深深刻有其文化和制度、政治与地缘等烙印。相应地，我们在应用时，也必须从我国的文化与制度、政治与地缘等背景和国情出发。这既是理论结合实践的需要，也是现实发展经验教训的要求。

【参考答案】

第一，作为世界最大的发展中国家，经历了由传统计划经济体制向市场经济体制的转轨，初步建立市场经济运行所依赖的某些制度框架尚不完善，人们的契约意识和市场观念相对薄弱，这使许多在发达市场经济国家行得通的办法在我国借鉴时需要有一个过程。

第二，人口既是资源也是压力，这种压力也会使我国市场经济作用的程度和范围受到限制。

第三，我国特有的文化传统是当前市场经济运行的制度与文化背景，深刻影响每一个人的决策方式和行为特征，尤其需要在借鉴时做到“本土化”，决不能教条主义。

5. 除了本章所列出的四个事实以外，你能否举出其他的容易使初学者误解的事实？请说明理由。

【思路点拨】本章提出的很多问题和观点，说明我们的教材正在逐渐走向成熟，对于此类问题，虽不能直接考查，但建议大家深刻领会与思考，这应该成为学习西方经济学的前提，能够决定我们在经济理论探索和实践上走多远和飞多高。

【参考答案】

西方经济学的研究对象和社会科学研究的现实限制，导致学者误解的情况很多。例如，高度抽象化的数理模型，往往具有严格的或明示或暗含的假设条件，初学者往往忽视这些条件，以为这些模型及结论是可以拿来套用的。再如，目前我国国内的西方经济学教材中介绍的理论，其实主要是英美等国学者提出的主流经济学理论，而初学者往往认为是世界各国可以通用的理论。

6. 英国著名经济学家罗宾逊夫人说：“马克思是在设法了解这个制度(即资本主义制度——引者)以加速它的倾覆。马歇尔设法把它说得可爱，使它能为人们接受。凯恩斯是在力求找出这一制度的毛病所在，以便使它不致毁灭自己。”你是否同意这一说法？为什么？

【思路点拨】在西方经济学说史上，琼·罗宾逊夫人地位独特，经历与思想独一无二，相对而言能够站在公允的角度看待这几种理论，并进行相对客观地评价。上述观点，实际也是对西方经济宏微观理论特征的概括。感兴趣的考生可以参阅关于新剑桥学派理论和“两个剑桥之争”介绍去了解详情。

【参考答案】

我同意这一说法。因为马克思是无产阶级革命家，他研究资本主义制度，是为了消灭这个制度，解放全人类。马歇尔是自由主义经济学家，他相信资本主义自由竞争制度是一架美妙的机器，通过自由竞争，能实现资源的最优配置，达到社会、经济、自然的均衡与和谐。凯恩斯面对资本主义经济大萧条，认为资本主义制度有毛病，需要医治，否则免不了要走向毁灭。他是资产阶级利益捍卫者，因此，他力求找出资本主义制度的缺陷，以便通过国家调节，使资本主义经济制度的毛病得到医治。可见，这三位经济学家的根本立场和观点决定了他们研究资本主义制度的不同目的、态度、方法和结论。

7. 你是否认为当前这场严重的金融危机是对西方的市场有效理论的挑战？

【思路点拨】从理论发展史上看，每一次现实的经济危机，都催生新的理论范式，最具代表性的就是凯恩斯革命。2008 年金融危机也是如此。

【参考答案】

传统的西方经济理论总是认定，由理性投资者构成的“有效”市场发出的价格信号通常是正确的，“有效”市场理论宣称，给定所有公众可获知的信息，金融市场总能正确定价，投资者都会理性地权衡收益和风险。这一并不能实现的假设，成了所谓资产定价模型的前提，而该模型又指导人们如何正确选择投资组合，如何对有价证券包括金融衍生品及其收益的索取权正确定价等。然而，2008年的金融危机却告诉我们事实并非如此。我们需要正确理解和处理好虚拟经济和实体经济的关系。

2008年金融危机重创了西方发达国家的经济，彻底粉碎了自由市场经济机制总能有效配置资源的神话，从根基上引起人们对西方经济学的再思考。

这场金融危机告诉我们，不能过分相信经济自由化，不能放弃应有的监管，不能坚信由理性投资者构成的“有效”市场发出的价格信号总是可靠。包含次贷债券在内的金融资产被一次次打包、拆分、增信、证券化、再发行等一系列环节，相关各机构和高管们在利益驱动下不断助长和主导了这场危机。在这一过程中，恰恰是监管的放松，又失去了最后一道本该发挥作用的防火墙。传统的西方经济理论总是假定，金融机构总会自己把握风险，从而金融崩溃的概率被严重低估。

综上所述，西方经济理论有必要做出新的修正，甚至是脱胎换骨的革新。事实上，西方经济学史也表明，这种革命在过去并不少见。西方经济学反而就是在一次次的理论危机中不断发展其理论，不断反映新的实践。

8. 为什么必须正确理解和处理虚拟经济和实体经济的关系？虚拟经济的过度膨胀可能会带来什么问题？

【思路点拨】虚拟经济是经济发展到一定阶段后，伴随着资本证券化，尤其是金融衍生工具不断推陈出新，经济金融化程度不断提高而出现的经济形态或特征。对于此类问题，考生要在平常多关注，碰到相关理论时要多思考如何应用理论解释此类现象，而真正需要记忆的只是少数几个概念和关系，如本题需要记忆的是“虚拟经济与实体经济”“资本证券化”“流动性与优化配置、投机乃至泡沫的辩证关系”等。

【参考答案】

虚拟经济是指资本以脱离实体经济的价值形态，以票据方式持有权益，按特定规律运动以获取价值增值所形成的经济活动。而实体经济则是指物质产品和精神产品的生产、销售以及提供相关服务的经济活动。既包括工、农、交通运输、邮电、建筑等物质生产活动，也包括商业、教育、文化、艺术等精神产品生产和服务。

虚拟经济产生于实体经济发展的内在需要，建立在实体经济基础上，并为实体经济服务。虚拟经济对实体经济的促进作用表现在金融的自由化和深化可提高社会资源配置的效率和实体经济运行的效率。资本证券化和金融衍生工具提供的套期保值等服务，可为实体经济提供稳定的经营环境，为企业分散风险，降低实体经济波动引致的不确定性，并且虚拟经济自身发展也能促进GDP的增长，为社会提供就业机会。

但是，虚拟经济的发展是与投机活动共存的，因为虚拟经济提供的资本配置效率取决于虚拟资本的高度流动性，而这种流动性要靠投机活动来实现，虚拟经济提供的风险规避功能，如套期保值业务，其风险也靠投机者来分摊。与实体经济相比，虚拟经济所具有的高风险、高收益特征，很容易吸引大批投机者从事这类投机活动，而投机活动过度又会使虚拟经济过度膨胀而形成泡沫经济。泡沫经济主要是一种资产价格过分高于其价值的现象。货币政策失误和金融监管不当是泡沫经济产生的体制性因素。泡沫破裂后所形成的金融危机会对实体经济的发展产生多方面的危害。近几年来拉美地区和东南亚地区的新兴工业化国家中，由在金融自由化中监管失当而引致泡沫经济就提供了深刻教训。这次美国次贷危机引发的金融危机同样是由于放松了金融监管，任虚拟经济中的泡沫随意膨胀。从虚拟经济和实体经济关系的角度看，这次危机的发生，根源还在于过去60年间美国的经济增长和消费超越了本国生产力的承受能力：一方面在实体经济虚拟化、虚拟经济泡沫化过程中实现了不堪重负的增长；另一方面美国又把这种沉重负担通过美元的世界储备货币地位和货币市场的价值传导机制分摊给全世界。美国过度消费所造成的贸易逆差主要靠印刷美元"买单"。中国、日本和石油生产国居民的过度储蓄和贸易顺差所积累起来的大量美元储备为华尔街金融衍生品的创造提供了条件，并促使其资产泡沫化。看起来美国经济一时异常繁荣，但实际上美国经济已进入IT产业周期波段的末尾，缺乏投资机会，大量制造业还已转移到国外，短期内也不可能有大量科技创新项目吸纳资金。因此，这种"繁荣"其实已是泡沫，缺乏实体经济增长作为支撑。于是，虚拟经济过度膨胀形成的泡沫经济终于导致了这场危机。